AF577634

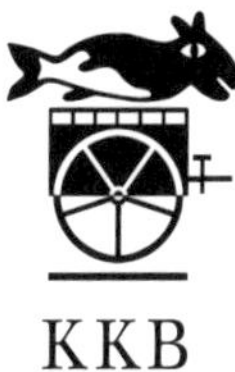

Kreuzlingen am Schweizer Ufer des Bodensees und Scharbeutz an der Ostsee geben diesem Buch nicht nur einen geographischen, sondern auch einen kulturgeschichtlichen Ort. Der Kunst- und Kulturhistoriker Aby Warburg, Begründer einer bildwissenschaftlichen Ikonologie, führte dort wegweisende Gespräche mit zwei herausragenden Zeitgenossen: in Kreuzlingen im Jahr 1924 mit dem Philosophen Ernst Cassirer und gut vier Jahre später in Scharbeutz mit dem Physiker Albert Einstein. Warburg, soeben von langwieriger Krankheit genesen, suchte den Austausch mit Gleichgesinnten, nachdem er zurückgezogen im Sanatorium über verschiedene kulturgeschichtliche Themen nachgedacht hatte. Ihn beschäftigten vor allem der Astronom Johannes Kepler und die Frage nach dem Aufbau des Kosmos. Wie entstand das moderne Weltbild? Ein besonders sprechendes Zeugnis des Treffens in Scharbeutz ist eine vor Kurzem gefundene Skizze Einsteins, mit deren Hilfe er Keplers Berechnungen für Warburg erläuterte.

Durch das Zusammentreffen Warburgs mit Cassirer und Einstein kann ein entscheidendes Kapitel der Kunst- und Kulturgeschichte erschlossen und zugleich ein intellektueller Rahmen rekonstruiert werden, in dem sich Kunstgeschichte, Philosophie und Naturwissenschaft begegnen und wechselseitig erhellen.

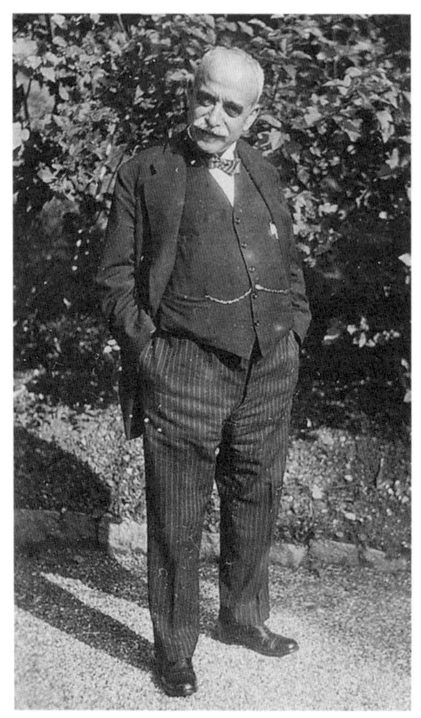

Aby Warburg, 1929

Horst Bredekamp
Claudia Wedepohl

Warburg, Cassirer und Einstein im Gespräch

Kepler als Schlüssel der Moderne

Verlag Klaus Wagenbach Berlin

Inhalt

Vorwort: Kreuzlingen und Scharbeutz

Zwei Orte, Kreuzlingen am Schweizer Ufer des Bodensees und Scharbeutz an der Ostsee, geben dieser Studie nicht nur eine geographische, sondern auch eine kulturgeschichtliche Orientierung. Sie sind dadurch miteinander verbunden, dass Aby Warburg, Stifter und Mentor der Kulturwissenschaftlichen Bibliothek Warburg (K.B.W.) in Hamburg und als Kunst- und Kulturhistoriker Begründer einer umfassenden bildwissenschaftlichen Ikonologie, an diesen Orten wegweisende Gespräche mit zwei herausragenden Zeitgenossen führte: in Kreuzlingen im Jahr 1924 mit dem Philosophen Ernst Cassirer (1876–1945) und gut vier Jahre später in Scharbeutz mit dem Physiker Albert Einstein (1879–1955). Zu Einstein reiste er selbst. Cassirer hatte sich für den langersehnten Austausch noch zu dem »Gefangenen von Kreuzlingen« begeben müssen. In beiden Fällen jedoch suchte Warburg bewusst das Gespräch zur Bestätigung seiner kulturtheoretischen Überlegungen.

Das Treffen mit Cassirer (Abb. 1) fand am 10. und 11. April 1924 statt, viereinhalb Jahre nach der Berufung des Philosophen an die neu gegründete Universität Hamburg.[1] Die beiden Männer unterhielten sich im Park des idyllisch gelegenen Sanatoriums *Bellevue*, der von dem Schweizer Psychiater Ludwig Binswanger (1881–1966) geleiteten Kreuzlinger Privatklink (Abb. 2), in der Warburg seit April 1921 wegen einer bei Kriegsende akut gewordenen Psychose in Behandlung war. In der Isolation dieses Sanatoriums, so berichtet Fritz Saxl

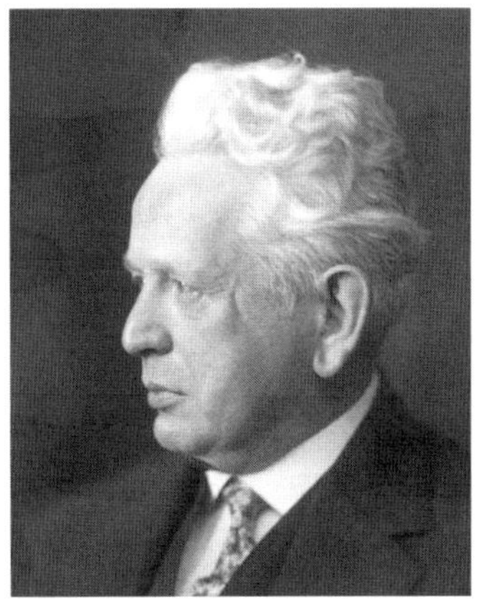

1 *Ernst Cassirer, 1927*

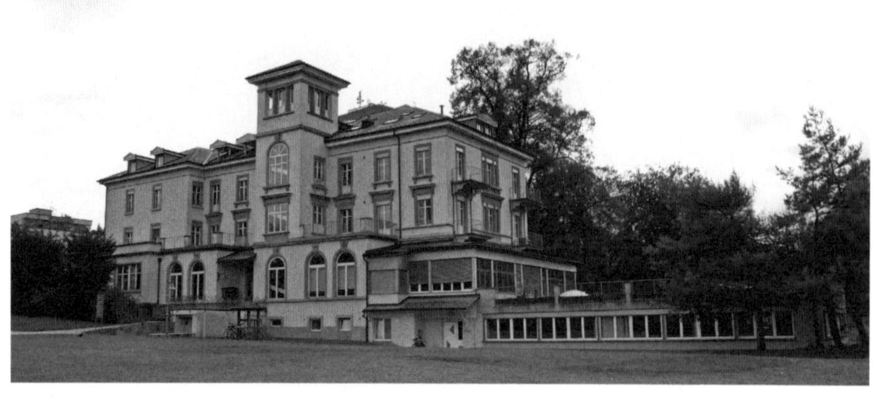

2 *Kreuzlingen, Sanatorium Bellevue*

(1890–1948), Aby Warburgs langjähriger Bibliothekar und Vertrauter sowie später sein Nachfolger, seien Warburgs Gedanken um die Figur des Astronomen Johannes Kepler (1571–1630) gekreist (Abb. 3). Er sei dabei zu der Erkenntnis gekommen, dass das moderne Denken in dem Moment eingesetzt habe, als dieser die althergebrachte Überlegenheit der idealen Kreisform durch die Akzeptanz der Ellipse ersetzte; es fehlte jedoch zunächst eine Bestätigung von berufener Seite. In dem Moment kam es zum ersten direkten Austausch mit Cassirer. Dieser war in der Tat so eindrücklich, dass beide, wie es in ihrer Umgebung hieß, über Jahre hinweg davon zehrten. Laut Saxl war es für Warburg der »erste Lichtstrahl in dunklen Jahren«, und Cassirer erinnerte sich später, dass sie sich schon »nach den ersten Sätzen« so »einander kennen, einander verstehen gelernt« hatten, »wie man sich sonst nur nach Jahren gemeinsamer Arbeit versteht«.[2]

Die von Kepler eingeleitete Wende stellte Warburg bei seinem Treffen mit Einstein erneut ins Zentrum, doch die Vorgeschichte war diesmal eine andere. Von wiedergewonnenem Selbstbewusstsein getragen, hielt er am 2. September 1928 im Tagebuch seiner Bibliothek fest: »Nach Einsteins Adresse gefragt«.[3] Einen Tag später, am 3. September, übermittelte er Einstein, der sich zu dieser Zeit wegen eines Herzleidens im Ostseebad Scharbeutz aufhielt, brieflich seinen Wunsch, ihn zu treffen,[4] und schon am 4. September wurde er gemeinsam mit seiner Frau Mary nach Scharbeutz chauffiert. Das Treffen enttäuschte ihn nicht. Sofort nach der Rückkehr resümierte er das Gespräch mit Einstein im selben Tagebuch der Bibliothek euphorisch mit den Worten: »Der Herbsthoren Füllhorn war über diese Stunden ausgeschüttet. 4 Stunden Fahrt. 4 Stunden Rede.«[5]

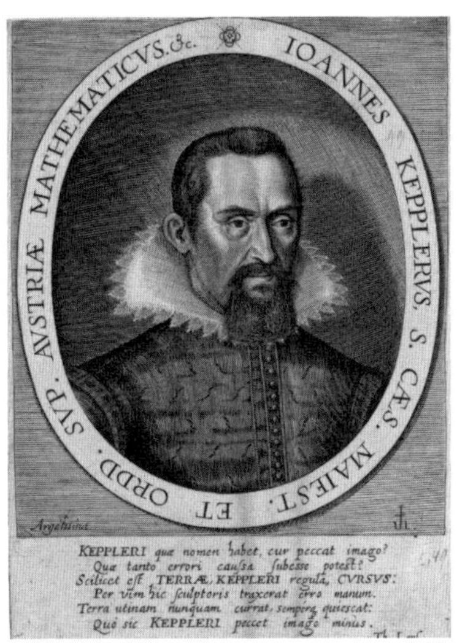

3 *Johannes Kepler, um 1620*

Gegenstand der Unterredung waren mehrere Entwürfe für Tafeln des Bilderatlas *Mnemosyne*, an dessen Fertigstellung Warburg bis an sein Lebensende arbeiten sollte. Die Tafeln sollten das sich wandelnde Verhältnis des Menschen zum Kosmos illustrieren. Mit ihrer Hilfe suchte Warburg Einstein jenes Thema näherzubringen, das ihn zu dieser Zeit wie kein zweites bewegte: die Stellung Keplers in der Wissenschafts- und Kulturgeschichte.

*

Die Umstände, der Verlauf und die Ergebnisse dieser beiden Begegnungen konnten bereits aus Zeugnissen und Quellen rekonstruiert werden.[6] Allerdings ergab die Auswertung der Korrespondenzen der Kreuzlinger Jahre nun ein wesentlich klareres Bild des Gesprächs, das Warburg dort mit Cassirer führte. Erstmals konnten zudem die Überlegungen nachvollzogen werden, die auf die Frage hinführten, die Warburg mit Cassirer erörtern wollte und die er vier Jahre später bei seiner Vorführung in Einsteins Ferienwohnung wieder thematisierte.[7] Zeugnis des daran anknüpfenden Austauschs ist ein einzigartiges bildliches Dokument, das erst jüngst im Warburg Institute Archive unter Aby Warburgs Notizen entdeckt wurde: ein Einzelblatt, auf dem eine Zeichnung und eine knappe Erläuterung zu sehen sind (Abb. 4). Das Blatt, das in der oberen Mitte die geometrische Graphik und rechts unten die Schrift aufweist, befindet sich als Nr. 59 in einer 134 Folios umfassenden Sammlung, die ursprünglich in einem Klemmhefter zusammengefasst war.

→ S. 94

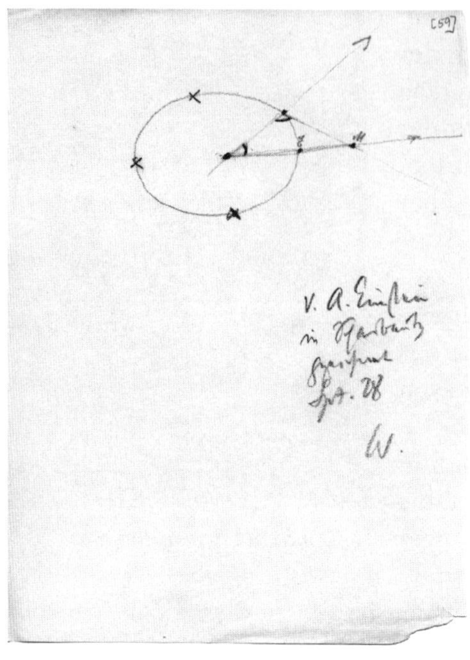

4 *Albert Einstein: Skizze zur Erläuterung der Berechnung der Umlaufbahn des Mars mit Warburgs Kommentar, 4. September 1928*

Die Notizblätter stammen aus dem Zeitraum vom 26. Juni bis zum 5. Dezember 1928 und wurden von Warburgs Nachlassverwaltern mit dem Titel »Pathos und Pneuma, Polarität« versehen. Der von Warburg unterschriebene Eintrag auf Blatt 59 vermerkt Anlass und Datum der Zeichnung: »V[on] A[lbert] Einstein / in Scharbeutz / gezeichnet / S[e]pt[ember] [19]28 / W[arburg].« Das Dokument ist damit als eine Skizze ausgewiesen, die Albert Einstein während der Begegnung in Scharbeutz gefertigt hat, um Aby Warburg das Prinzip zu erklären, aufgrund dessen Kepler die elliptischen Planetenbahnen zu erschließen verstand.

Allein schon dadurch, dass die elliptische Gestalt des Saales der K. B. W. auf Keplers Marsbahnberechnung anspielt, war das seinem engeren Kreis bestens bekannte, tiefreichende Interesse Warburgs an Keplers kulturhistorischer Leistung bezeugt.[8] Die Zeichnung Einsteins, bildlicher Beweis des Gesprächs zwischen zwei der bedeutendsten Forscher ihrer Zeit, veranlasste dann dieses Buch und den Versuch, das Ereignis durch eine neue Rekonstruktion der Beschäftigung Warburgs mit Kepler zu beleuchten.

Warburgs jahrelanges Nachdenken über die paradigmatische Bedeutung von Keplers Überlegungen zur Kosmologie soll hier ausführlich dargelegt und mit den Orten Kreuzlingen und Scharbeutz verknüpft werden. So kann ein entscheidendes Kapitel der Kunst- und Kulturgeschichte erschlossen und zugleich ein intellektueller Rahmen rekonstruiert werden, in dem sich Kunstgeschichte, Philosophie und Naturwissenschaft begegnen und wechselseitig erhellen.

Der Ansatzpunkt und Schlüssel für die besondere Rolle, die Kepler in seiner Kulturtheorie einnimmt, liegt in Warburgs epochemachender Analyse der Fresken des Palazzo Schifanoia in Ferrara. Das für Warburg sich hieraus ergebende theoretische Erkenntnisziel aber knüpft an eine frühere, kostüm- und theatergeschichtliche Analyse an, die als zweite Komponente für seine Erschließung von Keplers kulturgeschichtlichem Stellenwert unverzichtbar ist, auch weil ihr Gegenstand in Keplers Zeit fällt. Daher sind die Kapitel 1 bis 3 des ersten Teils den Schifanoia-Fresken sowie deren Umfeld gewidmet, die Kapitel 4 bis 6 Warburgs Studie zu den Intermedien der Medici-Hochzeit von 1589 als Vorbereitung dazu. Im zweiten Teil der Studie sollen die Begegnungen in Kreuzlingen und Scharbeutz aus diesem Kontext heraus verständlich gemacht werden.

*

Der Gegenstand dieses Buches wurde schwerpunktmäßig in den Teilen I. 1–6 und II. 1, 2, 7 von Claudia Wedepohl und in den Teilen II. 3–6 sowie Schluss von Horst Bredekamp erforscht und formuliert. Dessen ungeachtet ist der Gesamttext von beiden Autoren durchgearbeitet worden, so dass er zu einer echten Gemeinschaftsarbeit werden konnte.

Der Dank der Autoren gilt dem Verlag Klaus Wagenbach und besonders Susanne Müller-Wolff für die großartige Unterstützung bei der Entstehung dieses Buches.

I Das Freskenprogramm im Palazzo Schifanoia und der Weg zu einem neuen Weltbild

1. Ferrara – Rom: 1923–1924

Im November 1923 waren es insgesamt schon fast fünf Jahre, die Aby Warburg in diversen psychiatrischen Einrichtungen verbracht hatte. Er litt unter Einsamkeit, der Ferne zu seiner Familie und zu seiner Bibliothek. Sein Zustand zeigte keine anhaltende Besserung. Sein größter akademischer Erfolg, die Deutung des in den späten 1460er Jahren ausgeführten Bildprogramms im großen Saal des Palazzo Schifanoia, dem Sommerpalast der Landgrafen von Ferrara, lag mehr als zehn Jahre zurück. Als Vortrag hatte er mit dieser Neudeutung 1912 auf dem X. Internationalen Kunsthistorischen Kongress in Rom ein internationales Publikum von Fachkollegen beeindruckt.[9] Knapp zwei Jahre später war der Krieg ausgebrochen, der Warburg die Gewalt über seine Psyche verlieren ließ. Bevor er Hamburg im Oktober 1920 endgültig verlassen musste, hatte er sich mit Saxls Hilfe noch die Druckfassung der im Krieg erarbeiteten, dann als *Heidnisch-antike Weissagung in Wort und Bild zu Luthers Zeiten* 1920 publizierten Schrift abgerungen. Es vergingen weitere drei Jahre; im April 1923 gelang Warburg schließlich der Beweis seiner langsam, aber stetig wiedergewonnenen Arbeitsfähigkeit mit dem Vortrag über das *Schlangenritual.* Sieben Monate später erschienen die Akten des römischen Kongresses. Warburg las diesen noch in den Kriegsjahren ausgearbeiteten Text nun mit neuen Augen. Hier, so sollte sich herausstellen, fand er endlich wieder einen Anknüpfungspunkt für seine wissenschaftlichen Überlegungen – für die Formulierung jener grund-

→ S. 91, 92

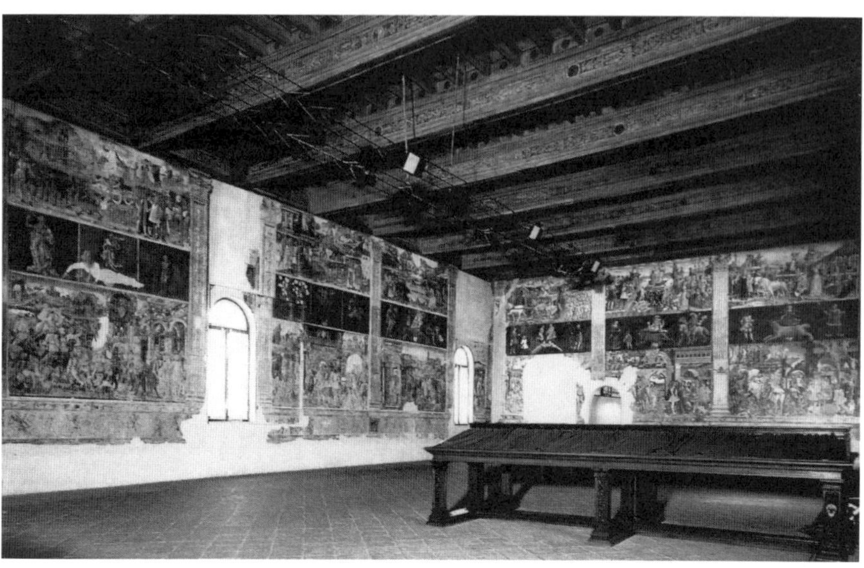

5a *Ferrara, Palazzo Schifanoia, Sala dei Mesi*

legenden kulturtheoretischen Fragestellung, die ihn in den letzten fünf Jahren seines Lebens vorrangig beschäftigen und sein wissenschaftliches Selbstbewusstsein wiederfinden lassen sollte; knapp und zugespitzt formuliert hieß sie: Wie war es zum modernen Weltbild gekommen?

Schon 1912 hatte Warburg das auf die Wände der *Sala dei Mesi* in Ferrara projizierte Weltbild, einen gewaltigen, aus zwölf scheinarchitektonisch eingefassten Wandsegmenten bestehenden Kalender, mit einer neuen, Ikonographie und Philologie kombinierenden kulturwissenschaftlichen Methode analysiert. Seine Deutung musste sich auf die gut erhaltenen Fresken stützen, also auf nur ungefähr ein Drittel der Monatsbilder, von denen nicht mehr als sieben überhaupt noch erkennbar sind (Abb. 5a–b).[10] Diese Monate sind in drei Zonen gegliedert. In der unteren Zone ist jeweils der Auftraggeber Borso d'Este (1413–1471) bei einer jahreszeittypischen Tätigkeit zu sehen. Darüber erscheint in einer schmaleren Mittelzone prominent das Tierkreiszeichen, in dem die Sonne im betreffenden Monat steht. Gemeinsam mit dem Zeichen sind drei menschliche Figuren dargestellt, die bis zu Warburgs Deutung rätselhaft geblieben waren. Er konnte an diesen Figuren zeigen, dass dem Programm eine genaue Kenntnis astrologischer Texte zugrunde

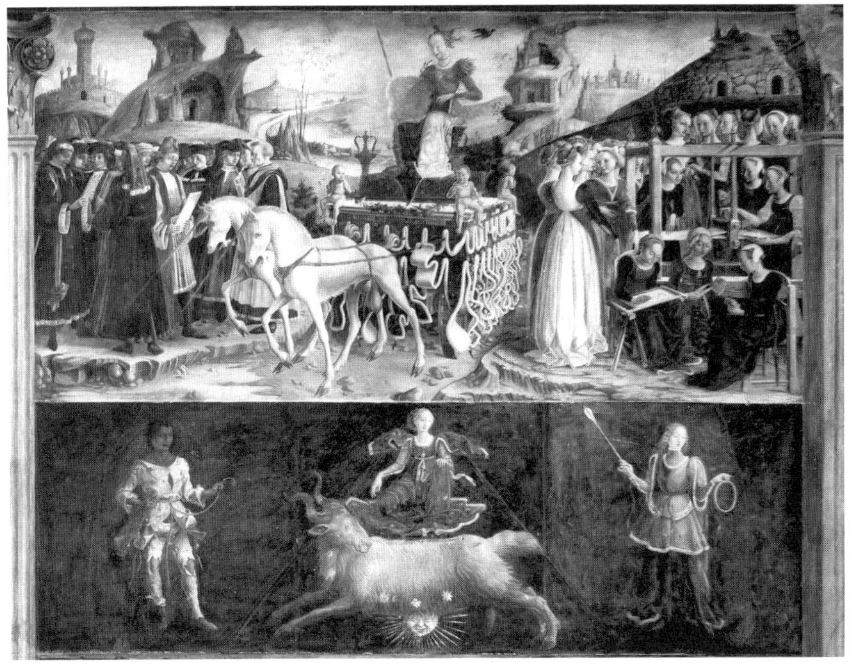

→ S. 93

5b *Francesco del Cossa: Märzfresko. Triumph der Minerva und drei Dekane im Zeichen des Widders. Ferrara, Palazzo Schifanoia, Sala dei Mesi, 1466–1470*

liegt. Mit Hilfe einer Reihe von dem mit der Geschichte der Astrologie beschäftigten Altphilologen Franz Boll (1867–1924) herausgegebenen spät- und nachantiken Himmelsbeschreibungen vermochte er die Figuren als jene »Dekane« zu identifizieren, die zuerst in der ägyptischen Astrologie vorgekommen waren. Sie sollen über jeweils zehn Grade des jeweiligen Zeichens, also zehn Tage, herrschen.[11]

Die Spezifik dieser Fresken, die von einem mit humanistischer Bildung in Berührung gekommenen Landesherrn in Auftrag gegeben worden waren, erkannte Warburg im Vergleich mit anderen astrologischen Zyklen, und hier insbesondere mit den zwischen 1300 und ca. 1440 entstandenen Wandmalereien des gigantischen Kommunalpalasts von Padua, des *Palazzo della Ragione*. Dort sind nicht nur die Dekaden, sondern alle 360 Grade des Zodiacus als Kalender abgebildet (Abb. 6a–b).[12] Padua gegenüber beschränkt sich die reine Astrologie in Ferrara allerdings auf die schmalere Mittelzone, die Warburg als »Zwischenregion« zwischen der Erde und dem Olymp bezeichnet,[13] denn in der oberen

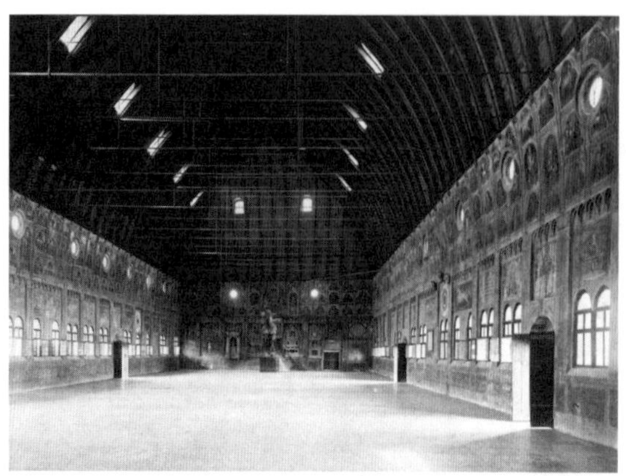

6a *Padua, Palazzo della Ragione, Salone mit Fresken aus der ersten Hälfte des 15. Jahrhunderts*

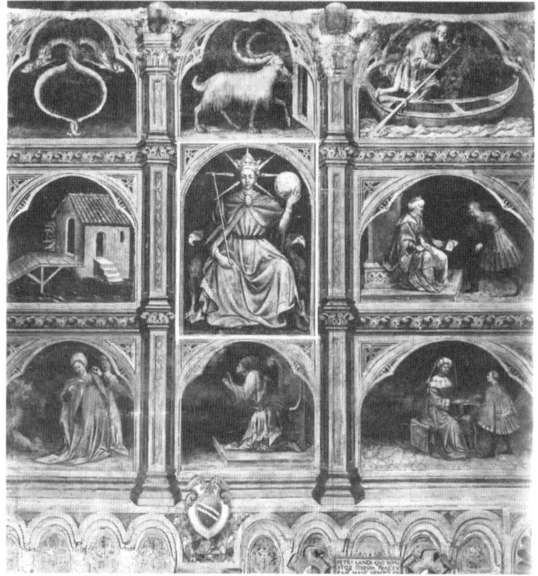

6b *Giovanni Nicolò Miretto: Jupiter im Zeichen der Fische. Padua, Palazzo della Ragione, 1420–1430*

Zone strahlen die Triumphe der zwölf zu römischen Monatsgöttern transformierten olympischen Götter (Abb. 5a–b). Nicht nur die gleichzeitig als Planetengötter bekannten Olympier aus dem Zwölfgötterkreis (Sol-Apoll, Venus, Jupiter und Merkur) erscheinen jeweils inmitten einer Reihe weiterer Figuren, deren Tätigkeit auf Monatsregentschaft oder Schutzherrschaft anspielt.

Wie erwähnt konnte Warburg seinen Schifanoia-Vortrag erst mehr als zehn Jahre nach der öffentlichen Präsentation gedruckt in der Hand halten.[14] Einem zwischen dem 26. und 29. November 1923 verfassten Schreiben an seine Frau Mary zufolge muss er sofort nach der Lektüre das Bedürfnis empfunden haben, diese bedeutende Studie noch einmal zu überarbeiten; in schlaflosen Nächten, schreibt er, denke er weiter über Ferrara nach. Da er sicher sei, den Aufsatz inzwischen »besser schreiben« zu können, plane er ein *addendum*.[15] »In der Abhandlung« habe er »nur andeuten können«, was ihm jetzt »das Ergreifendste zu sein scheint, die Verzauberung der lichtwendigen griechischen Gottheiten zu finsteren Dämonen, die man beschwört«.[16] Diese Bemerkung bezieht sich offenbar auf das Verhältnis zwischen den Figuren der mittleren und der oberen Wandzone, doch erschließt sich Warburgs Idee erst, wenn man den größeren Zusammenhang seines Gedankengangs rekonstruiert.

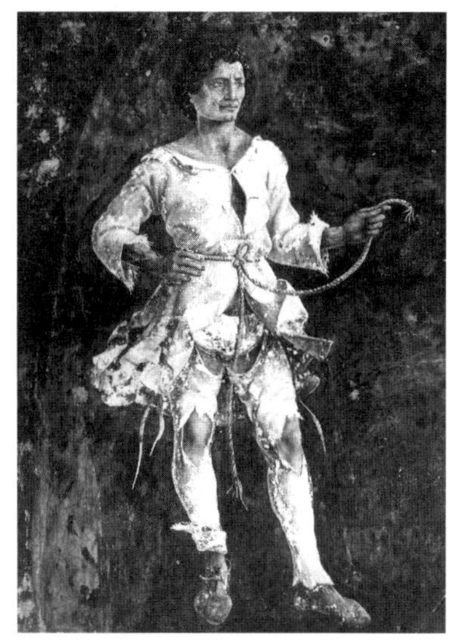

7 *Francesco del Cossa: Erster Dekan des Widders. Ferrara, Palazzo Schifanoia, Sala dei Mesi, 1466–1470*

Angesichts der Tatsache, dass Warburg sich seit November 1923 wieder mit Schicksalssymbolik auseinanderzusetzen begonnen hatte,[17] wird sein Wunsch nach »Verbesserung« der Studie vor allem einer Figur gegolten haben: dem 1912 vor seinem staunenden Publikum entschlüsselten ersten Dekan des Widders (Abb. 7). Schon seinerzeit hatte er in ihm einen verkappt daherkommenden Perseus erkennen wollen, den Heros der griechischen Sage, dessen Sieg über den Andromeda bedrohenden Drachen ein Symbol für die Befreiung des Menschen von unkontrollierbaren inneren und äußeren Mächten bedeutete. Aber von diesen Mächten war die Perseusfigur ihrerseits offenbar noch eingenommen; als sogenannter »Sterndämon« besaß sie für Warburg eine ambivalente Bestimmung, in der er nun einen Schlüssel zum Verständnis des Bildprogramms sah.

Die Identifikation des ersten Widderdekans mit Perseus unternahm Warburg durch den Vergleich mit einer Darstellung desselben Dekans in Johannes Engels *Astrolabium Planum*. Es handelt sich bei diesem *Astrolabium Planum* um die bearbeitete Fassung eines verlorenen Textes des Paduaner Medizinprofessors Pietro d'Abano (gest. 1315/16), dem der als große Einleitung (*Introductorium majus*) bezeichnete Sternkatalog des Arabers Abu Ma'shar (gest. 874) aus dem 9. Jahrhundert zugrunde lag.[18] In Abu Ma'shars Katalog war seinerseits die im 1. Jahrhundert v. Chr. verfasste, aber verlorene Beschreibung des Fixsternhimmels des griechischen Autors Teukros, die *Sphaera barbarica*, eingeflossen.[19] In Engels erstmals 1485 (also nach Fertigstellung der *Sala dei Mesi*) in Venedig gedrucktem *Astrolabium*, einer Art Tageshoroskop,

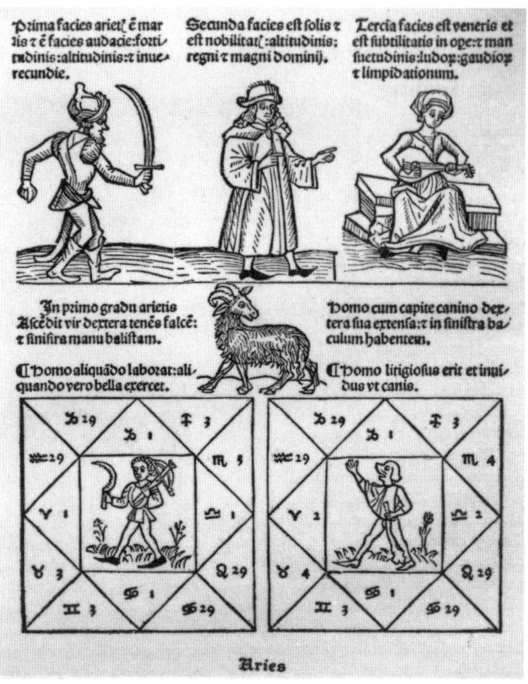

8a *Johannes Engel: Astrolabium planum, Dekane des Widders, Venedig 1485*

hatten sich folglich verschiedene historische Schichten überlagert. Im ersten Dekan des Widders schien diese Schichtung sichtbar zu werden. In ihm, den Engel als einen Mann mit Turban und Sichel darstellt (Abb. 8a–b), wollte Warburg den tatsächlich im Zeichen des Widders und damit unter der Regentschaft des Planeten Mars aufgehenden Perseus erkennen, dessen phrygische Mütze und Harpe in dieser Darstellung lediglich orientalisiert worden seien. Damit war der Bezug zwischen dem Dekan und dem antiken Heros vermeintlich belegt.

Allerdings besitzt der erste Dekan des Widders im Monatssaal des Palazzo Schifanoia eine von dieser Deutung erkennbar abweichende Erscheinung (siehe Abb. 7). Er trägt weder die »griechische Harpe« noch ein später aus ihr entstandenes »ägyptisches Doppelbeil«. Warburg zufolge hat der Dekan diese Attribute nicht etwa »verloren«, sondern vielmehr seien sie durch diverse Metamorphosen des griechischen Urbilds »überwuchert« worden.[20] Die Figur entspreche mehr oder minder der Beschreibung des »indischen« ersten Dekans des Widders in Abu Ma'shars *Introductorium majus*, der als grimmiger Mann geschildert wird. Die dunkle Haut-

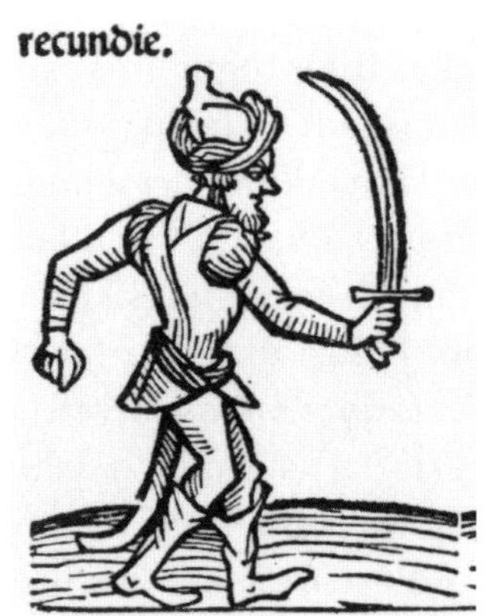

8b *Johannes Engel: Astrolabium planum, Ausschnitt: Erster Dekan des Widders*

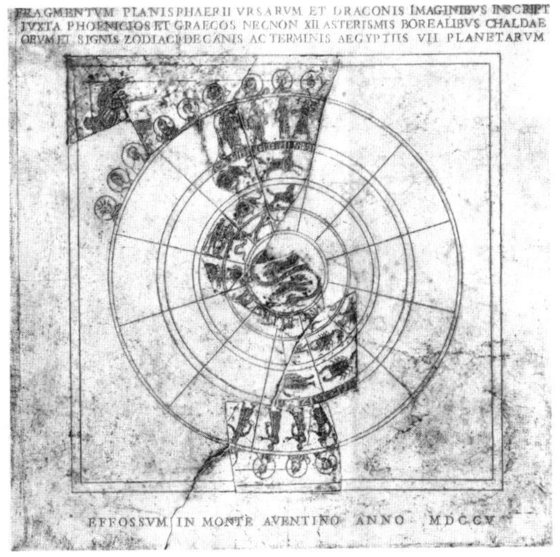

9a *Planisphaerium Bianchini (»Tabula Bianchini«), 2./3. Jahrhundert n. Chr. Ergänzte Marmortafel, Paris, Louvre*

farbe hingegen sei mit der Darstellung des Dekans als Opferpriester mit Doppelaxt auf der wahrscheinlich aus dem 2. oder 3. Jahrhundert stammenden *Tabula Bianchini* (Abb. 9a–b) zu vergleichen;[21] dieser Dekan lasse sich später auch auf magischen Heilsteinen wiederfinden.

Seinem Eindruck einer besonderen Bedeutung dieser Figur folgend, beschloss Warburg in den ersten Monaten des Jahres 1924, über die schon in der Publikation dargelegte Identifikation hinauszugehen und einen neuen Schluss zu seinem alten Aufsatz zu formulieren. Obgleich er die Identifikation des Dekans als Perseus nicht einwandfrei belegen konnte und weder Saxl noch die spätere Forschung ihr folgten, blieb sie für seine weiteren Überlegungen zum Ferrareser Bildprogramm maßgebend.[22] Bedeutsam schien ihm offenbar der Bezug des Dekans zur triumphierenden Pallas Athene, der römischen Minerva, die, gewappnet und sichtbar mit dem ihr von Perseus verliehenen Gorgoneion ausgestattet, direkt über der Figur erscheint. Minerva hat in der *Sala dei Mesi* vom Planeten Mars die Regentschaft des Monats März übernommen (siehe Abb. 5b).

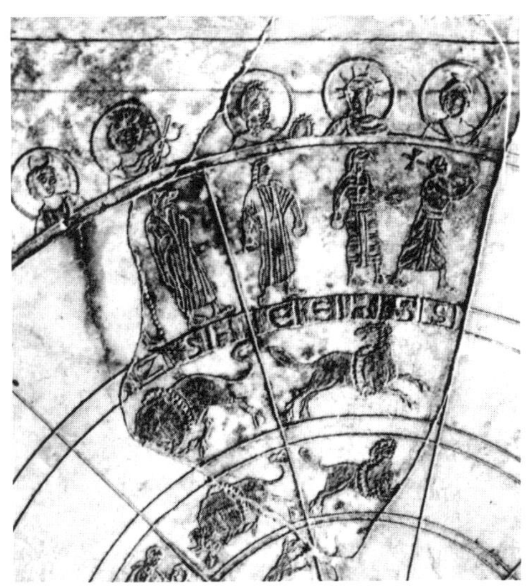

9b *Planisphaerium Bianchini, Ausschnitt: Dekane des Widders*

→ S. 89

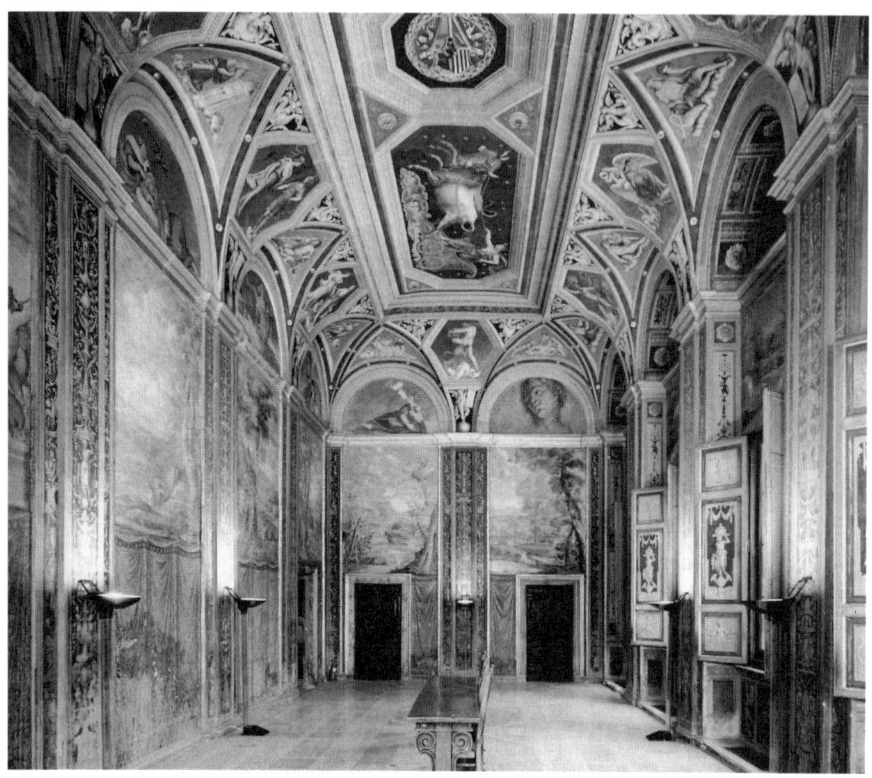

10a *Rom, Villa Farnesina, Sala di Galatea, 1510–1511*

Anhand dieser Konstellation begann Warburg sich schon bei der Revision seines Aufsatzes im Dezember 1923 über die symbolische Funktion der Perseus-Darstellung im italienischen Quattro- und Cinquecento grundsätzliche Gedanken zu machen. Dabei kam er zu dem Schluss, dass es sich bei Perseus um das Symbol menschlicher Virtus schlechthin handle. Der mythische Heros sei als »Inbegriff des siegenden Renaissancemenschen« zu verstehen, der seine Autonomie entdecke und sein Schicksal selbst in die Hand nehme, anstatt es jenseitigen Schicksalslenkern zu überlassen; die Figur sei ein »Erinnerungsbild« an frühere Zustände, das »energetisch vorbildlich« wirkte.[23] Die heroische Tat des Perseus, also der siegreiche Kampf gegen das Ungeheuer, symbolisiere eine Befreiung vom Bösen, ja Perseus sei gleichermaßen fast zu einem Heiland erhoben worden.[24] Warburg entwickelt diesen Gedanken aber noch weiter: Der Per-

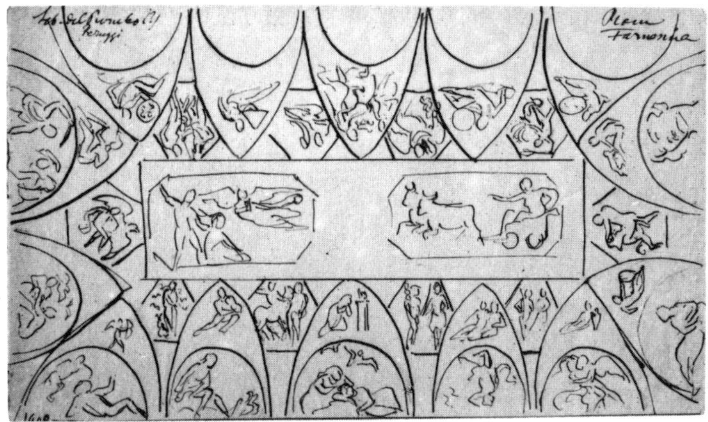

10b *Mary Warburg: Schema des Deckenfreskos von Baldassare Peruzzi in der Sala di Galatea*

seus-Mythos mit dem Motiv der Befreiung der Andromeda stehe für die Überwindung des Menschenopfers und damit sinnbildlich für Vergeistigung. Der Olymp, so Warburg, wolle qualvoll errungen sein, und Perseus sei der Helfer bei der Auffahrt in die göttliche Sphäre.

Dass Warburg diese Leistung weder allein soteriologisch noch rein philosophisch als eine erkenntnistheoretische Metapher verstand, zeigt sich an einem weiteren Sinnbild: das dem Perseus mit seinen Flügelschuhen zugeschriebene Durchmessen des Raumes, in dessen Folge das Begreifen seiner Unendlichkeit stehe.[25] In Warburgs kulturhistorischer Entwicklungslinie von der Überwindung des Menschenopfers (Religion) über das Erreichen des Olymps als Ort der Erkenntnis (Philosophie) bis zum Begreifen des Weltalls als unendlichen Raum (Physik) besaß der Perseus-Mythos höchste Signifikanz. Er konnte als symbolische Vorprägung der Leistungen der modernen Wissenschaft begriffen werden. Diese Erkenntnis war nicht neu, sondern stand in einem weit größeren Kontext von Überlegungen. Schon ein Jahr zuvor hatte Warburg in seinem heute berühmten Kreuzlinger Vortrag über das *Schlangenritual* konstatiert, dass die Naturwissenschaften aus dem Mythos »erwachsen« seien.[26]

Den entscheidenden Schritt in Richtung einer humanistischen Restitution des ursprünglichen Perseus-Mythos, der Befreiung des Heros

→ S. 90

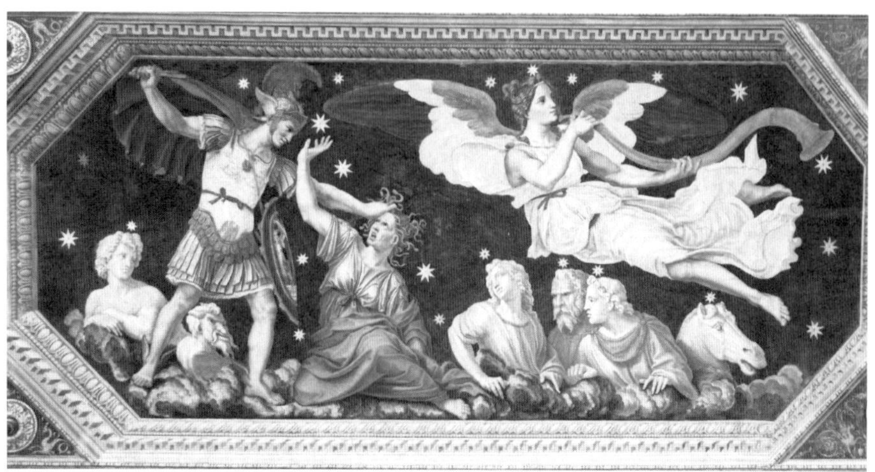

11 *Baldassare Peruzzi: Perseus. Rom, Villa Farnesina, Sala di Galatea, 1510–1511*

von seiner Identität als Sterndämon, meinte Warburg, wie er seiner Frau Mary darlegte, tatsächlich im Ferrareser Bildprogramm erkennen zu können:

> Das Problem ist also: Wie bekommt der aus dem Ringstein[27] heraufbeschworene verzauberte zerlumpte zornige Mann, der in der unheimlichen Zwischenregion hausen muß, seine Befreierfreudigkeit wieder: wer verleiht ihm wieder seine Flügelschuhe, die Tarnkappe, das Schwert und das Haupt der Medusa, um die an den Fels geketteten Opfer zu befreien? Renaissance, Wiedergeburt durch Rückverwandlung des Dschinnen (arab[isches] Gespenst) zum antiken Heros. Wer erlöst den durch die Magier in den Ringstein gebannten Erlöser? Ein Märchenmotiv und zugleich der neue Inhalt der europäischen Geistesgeschichte im Zeitalter der Renaissance und Reformation. In welchen Bildsymbolen regt sich der [sich, Verf.] gegen das Opfer fordernde Ungeheuer-Fatum aufbäumende Freiheitswille?[28]

Zur Klärung seiner Fragen zog Warburg zwei weitere Bildprogramme heran: Raffaels berühmte, 1509/10 entstandene *Schule von Athen* in den vatikanischen Stanzen, die seiner Ansicht nach den »Sieg der platonischen Idee« feiert,[29] und das für Agostino Chigi (1466–1520) in dem als

Sala di Galatea bekannten Gartensaal seiner römischen Vorstadtvilla (seit 1579 *Villa Farnesina*) von Baldassare Peruzzi (1481–1536) 1510/11 ausgeführte Deckenfresko (Abb. 10a–b). Auch dank Warburg ist heute gesichert, dass die 26 Kompartimente der Decke mit Planetengöttern, Tierkreiszeichen und anderen Sternbildern das Geburtshoroskop des Bauherrn darstellen.[30] Prominent im Zentrum erscheint Perseus – nach Warburgs Ansicht erstmals –, wie er im Begriff ist, die Medusa zu enthaupten (Abb. 11). Neben ihm triumphiert als weitere zentrale Figur die Fama. Abermals steht hier also die Astrologie im Mittelpunkt eines Bildprogramms; anders jedoch als in Ferrara nimmt Perseus eine zentrale Position ein. Dafür musste es, wie Warburg meinte, einen Grund gegeben haben. So kam er darauf, dass der griechische Heros für den einflussreichen Bankier eine besondere Bedeutung als Identifikationsfigur gehabt habe. Chigi habe, wie Warburg zwei Jahre später in seinem Vortrag zum Gedenken an Franz Boll formuliert, »diesen Stern [d.h. Perseus, Verf.], der am 28. August in Italien im Zenit steht, zusammen mit seiner durch Planeten-Gestalten an den Wänden ringsum verkündeten Nativität, als siegverheißenden, dahinbrausenden Schutzgeist seiner weltzugewandten Energie an jene Stelle treten lassen, die seinem christlichen Namensheiligen Augustinus (gestorben am selben 28. August) als ›avvocato speciale‹ beim jüngsten Gericht gebührt hätte«.[31]

Zwar hatte Warburg schon Jahre vorher darüber spekuliert, dass die dargestellte Konstellation das Geburtshoroskop des Auftraggebers abbildet,[32] doch war ihm die Idee, dass das im Zenit stehende Sternbild des Perseus auf Chigis Namenstag anspielen könnte, erst in Kreuzlingen gekommen.[33] Da die Horoskopthese noch vage, für sein Argument jedoch absolut zentral war, setzte er in dieser Zeit alles daran, sie mit dem Nachweis von Chigis tatsächlichem Geburtstag zu verifizieren.[34]

2. »*Weltzugewandtheit*«

Der Bankier Chigi, dessen Familie mit dem Handel von Salz und Alaun zu Reichtum gekommen war und der selbst päpstlicher Schatzmeister wurde, war zu seiner Zeit einer der reichsten Männer des Landes. Für Warburgs Deutung des Deckenfreskos im Gartensaal seiner Villa war die Persönlichkeit dieses offenbar charismatischen, selbstbewussten und, wie er schreibt, »weltzugewandten« Mannes entscheidend.[35] Der Begriff »Weltzugewandtheit« ist aus einem weiteren, parallel verfolgten Interesse Warburgs zu erklären: der Interpretation des an der Wende zum 16. Jahrhundert in Italien verstärkt wieder auftauchenden Symbols der personifizierten Fortuna als Sinnbild von *Kairos* oder *Occasio*. Im Gegensatz zum *Fatum*, dem unabwendbaren Schicksal, bezeichnet dieser Moment die günstige Gelegenheit. *Kairos* und *Occasio* wurden etwa in Form einer laufenden Frau symbolisiert, die am Vorderkopf einen vollen Haarschopf trägt, am Hinterkopf aber kahl ist. Für den Zugreifer kommt es darauf an, den richtigen Moment zu erwischen, um das zukünftige Leben glücken zu lassen.[36] Der symbolische Griff zur Stirn-

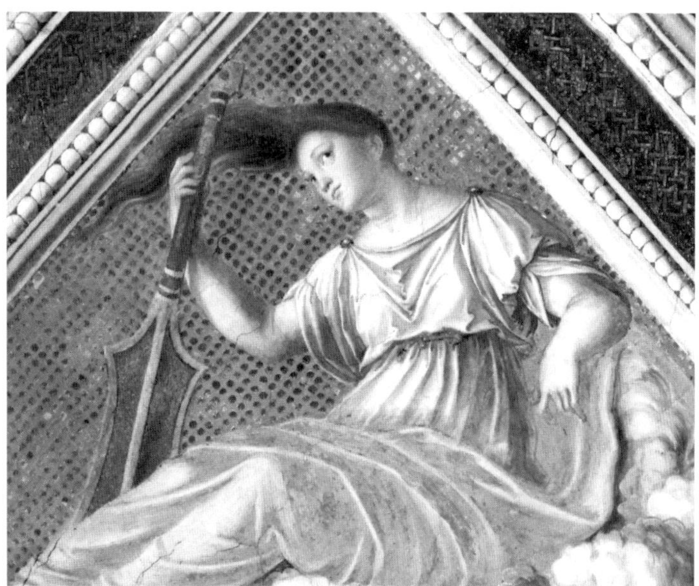

→ S. 90

12 *Baldassare Peruzzi: Fortuna (?). Rom, Villa Farnesina, Sala di Galatea, 1510–1511*

locke schien Warburg der bildliche Inbegriff der Mentalität des unter dem Einfluss humanistischer Studien immer stärker sich selbst definierenden Individuums, das sich nicht mehr allein seinem Schicksal fügt, sondern dieses zielgenau »beim Schopf« ergreift. Solch eine Allegorie der Fortuna erkannte Warburg aufgrund der nach vorne wehenden Haare auch in einer der Zwickelfiguren im Zeichen des Wassermanns auf Peruzzis Deckenfresko (Abb. 12).[37]

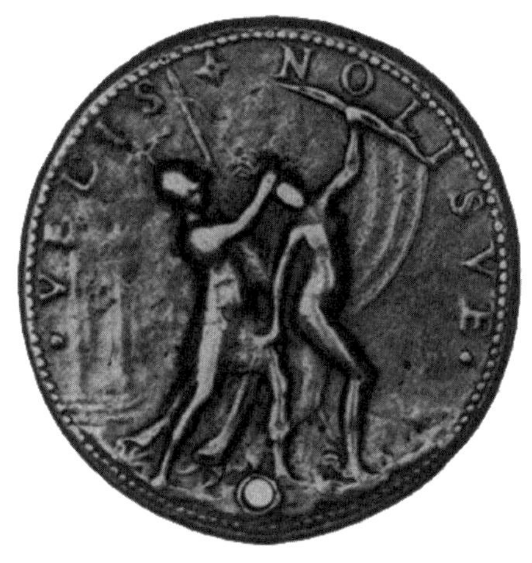

13 *Giovanni Battista Bonini: Medaille des Camillo Agrippa, 2. Hälfte des 16. Jahrhunderts, Revers*

Eine zweite Variante dieses Motivs sollte Warburgs These eines symbolischen Hinweises auf ausgeprägtes Selbstbewusstsein stützen. Schon anlässlich des im März 1923 in seiner eigenen Bibliothek gehaltenen Vortrags seines alten Freundes, des Sozialhistorikers Alfred Doren (1869–1934), über das Symbol der Fortuna hatte er sich an Motto und Motiv der von Giovanni Battista Bonini (aktiv 1557–1585) entworfenen Medaille für den Mailänder Mathematiker, Ingenieur und Architekten Camillo Agrippa (kurz nach 1595 gest.) erinnert (Abb. 13).[38] Das Motto lautet »Velis nolisve« – »ob Du willst oder nicht«, wobei »velis« im doppelten Sinne auch »mit den Segeln« bedeutet. Dargestellt ist ein gewappneter Mann, der eine nackte, ein Segel in der Hand haltende Fortuna am Schopf packt. Die Wahl von Motto und Sinnbild erregte Warburgs Interesse an Agrippas Schriften zur Entstehung von Winden und der Praxis der Navigation. Er ließ sich Abschriften und Auszüge anfertigen, um sie in Kreuzlingen zu studieren.[39] Dabei fand er heraus, dass der Autor in der im Jahr 1595 publizierten Schrift zur Navigation als Orientierungsmittel zum einen nach antikem Vorbild die Sternbilder, zum anderen aber genaue Messinstrumente empfiehlt. Diese Ambivalenz zwischen Althergebrachtem und neuester Technik interessierte ihn besonders. Sie brachte ihn zu der Annahme, dass der Ingenieur das »velis« im Motto seiner Medaille im doppelten Sinn von Schicksal und Selbstbestimmtheit verstanden wissen wollte.[40]

Unter Agrippas Werken ist auch eine Schrift über die Rekonstruktion der Sphärenbewegung (*Modo di comporre il moto della sfera, ecc.*, Rom 1575), auf die Warburg in seinem Vortrag für Franz Boll mit der Bemerkung anspielt, dass Agrippa »sogar die revolutionäre Idee von der Bewegung der Erde um die Sonne« durch den Kopf gegangen sei.[41] Schon in Kreuzlingen hatte er gemutmaßt, Agrippa habe eine Eigenbewegung der Erde angenommen, was, wie er Saxl gegenüber äußert, zu Zeiten Galileis revolutionär gewesen sei; der Autor, so spekuliert er, habe möglicherweise bereits nach einer »nicht anthropocentrisch begründeten, kosmischen Bewegungsgesetzlichkeit« gesucht.[42]

In einem derartigen Interesse an Aufbau und Funktion des Kosmos, insbesondere an den Gesetzen kosmischer Bewegung, sah Warburg eine Weichenstellung für den entscheidenden Durchbruch zum modernen Weltbild. In diesem Sinne stellte Camillo Agrippa für ihn offenbar in ähnlicher Weise wie später Johannes Kepler eine »Übergangstype« dar, einen Menschen, der noch an Überliefertes glaubt, sich aber aus einer Mischung von Skepsis und Selbstvertrauen der empirischen Erforschung der Natur zuwendet, um sie zu beherrschen. Zu dieser sinnbildlichen Entmachtung der Schicksalsmächte äußerte sich Warburg, der die individuelle Psyche gerne mit dem Begriff des »Typus« historisch verallgemeinerte, im März 1924: »[K]eine Frage, daß hinter dem Agrippa etwas fabelhaft Interessantes steckt: Uebergangstype in wildem Aufruhr zwischen mythologischer und technologischer Denkweise.«[43]

Agrippas Interesse an Messgeräten wie dem Kompass, welche die natürlichen Orientierungspunkte am Himmel ersetzen und dem Menschen Macht über die Naturgewalten geben sollten, galt Warburgs Hauptaugenmerk. Jedem Modell einer linear ablaufenden Entwicklung widerstehend, meinte er insbesondere in dem von Agrippa verwendeten Begriff der *calamita* die Doppelbedeutung von »Magnet« und »Katastrophe« (*calamità*) erkennen zu können. Ähnlich wie bei dem semantisch ambivalenten, in seiner Sassetti-Studie von 1907 diskutierten Terminus *fortuna* (in der Bedeutung von »Schicksal«, aber auch »Sturm«) sah Warburg in diesem Begriff ein Indiz für den Versuch, Kontrolle über die Natur zu gewinnen. Trotz des Hinweises von Alfred Doren, dass *calamità* in etymologischer Hinsicht nichts mit *calamita* zu tun hat,[44] blieb er davon überzeugt, dass in der von Agrippa studierten Steuerung des Segelschiffs »der Wille zur Hingabe an die überlegene Elementargewalt mit der humanen Entdeckung der [von, Verf.] Menschenhand erzwungenen Fahrtrichtung« verschmelze. Die theoretischen Schriften des Ingenieurs stellten für ihn den Beginn einer Entwicklung dar, die zur Herrschaft des Menschen über den Raum geführt habe. Erst der bewusste »Verzicht auf die Betätigung primitiver Gewalt feindlichen Mächten gegenüber«, in diesem Zusammenhang also das Versagen der Anwendung von Techniken wie Magie, Divination und Astrologie, verlange »ein Kulturbewußtsein, das dem primitiven Menschen widerstrebt«.[45] Den Beginn dieser Entwicklung fasste auch Ernst Cassirer wenige Jahre später in seiner Studie *Individuum und Kosmos in der Philosophie der Renaissance* auf eine ähnliche Weise:

> So sind es nicht in erster Linie empirisch-naturwissenschaftliche Gründe, so sind es nicht die neuen Methoden der Beobachtung und der mathematischen Rechnung gewesen, die das astrologische Weltbild überwunden haben. Der entscheidende Schlag war gefallen, ehe diese Methoden ihre volle Ausbildung erfahren hatten. Nicht die neue Anschauung der Natur, sondern die neue Anschauung vom Selbstwert des Menschen war das eigentliche Motiv der Befreiung. Der Kraft der ›Fortuna‹ tritt die Kraft der ›virtus‹, dem Schicksal tritt der seiner selbst gewisse und sich selbst vertrauende Wille gegenüber.[46]

Dieser Einklang in erkenntnistheoretischen Fragen beleuchtet die Atmosphäre, in der sich die beiden Gelehrten, kurz nachdem Warburg sich intensiv mit Agrippa auseinandergesetzt hatte, in Kreuzlingen über die historischen Voraussetzungen für einen Wandel des Weltbilds austauschen sollten.

3. *Restitution des Olymps und der Sphaera*

Erste Anzeichen jenes an Persönlichkeiten wie Chigi und Agrippa offenbar werdenden Phänomens einer »Weltzugewandtheit«, die kulturhistorisch entscheidende Wendepunkte überhaupt erst ermöglicht haben sollte, wollte Warburg bereits im Bildprogramm der *Sala dei Mesi* im Palazzo Schifanoia erkennen. Dort war für ihn ein vorbereitender Schritt vollzogen worden; diesen nannte er die »Restitution des Olymps«.[47] Gemeint war eine Relativierung der Astrologie zugunsten eines bewussten Rückgriffs auf die antike Mythologie als die zitierte Vorform der Naturwissenschaft. Wenn Warburg auch nicht zweifelsfrei belegen konnte, dass der erste Dekan des Widders einen Perseus darstellt, so ließ sich dieser Rückgriff in der *Sala dei Mesi* umso deutlicher an der gewandelten Darstellung der zwölf Monatsregenten zeigen. Offenkundig war hier die unter orientalischem Einfluss in der Spätantike entstandene Gruppe der sieben Planetengötter durch den klassischen olympischen Zwölfgötterkreis ersetzt worden. Die Olympier ziehen in Ferrara zwar wie die Planetengötter in den von Warburg immer wieder zitierten Kalendarien und Hausbüchern auf Triumphwagen einher (Abb. 14), doch ihre Auswahl und Abfolge, so hatte er schon bei seinem Vortrag in Rom gezeigt, orientiert sich an den zwölf Schutzgöttern der Monate. Dargelegt ist sie in den *Astronomica*, einem astrologischen Lehrgedicht in fünf Büchern, das dem kaiserzeitlichen Dichter Marcus Manilius (1. Jh. n. Chr.) zugeschrieben wird. Dieses Lehrgedicht war 1417 von Poggio Bracciolini (1380–1459) wiederentdeckt und sofort über astrologische Handbücher weitervermittelt worden. Angesichts dessen ist es wenig überraschend, dass man auch in Ferrara auf Manilius rekurrierte, bei dem die olympischen Götter die Häuser der zwölf Monatsregenten übernehmen. Bis auf ihre Triumphwagen, die auch bei den Planetengöttern auf das zeitgenössische Festwesen zurückgehen, leitet sich ihre Ikonographie aus dem *Libellus de deorum imaginibus* von ca. 1400 her, dem ersten nachantiken Traktat zur Mythographie, der ausschließlich den Bildern der Götter gewidmet ist.[48]

Auch in der ›olympischen Zone‹ des Bildprogramms interessierte sich Warburg besonders für die Figur der Minerva. An der Göttin der Bildung und der Weisheit, die, wie erwähnt, den Kriegsgott Mars als Regentin des März abgelöst hat, zeigte sich für ihn der programmatische Wandel in geradezu sinnbildlicher Deutlichkeit (siehe Abb. 5b, S. 15):

Damit wird der Sterndämon ersetzt durch eine nicht an einen bestimmten Wandelstern gebundene Göttergestalt, deren Einfluß rein ideell vor sich geht. Sie bewegt sich in einer Sphäre, die den magischen Praktiken – sofern sie ihr sinnfälliges Objekt am Himmel haben – entzogen ist. Es beginnt also, rein äußerlich genommen, unter dem Einfluß der wiedererinnerten lateinischen Poesie (Manilius), schon die Humanisierung der antiken Götterwelt, und die Pallas ist auch dargestellt als Göttin der Zivilisation in geistiger und technischer Bildung.[49]

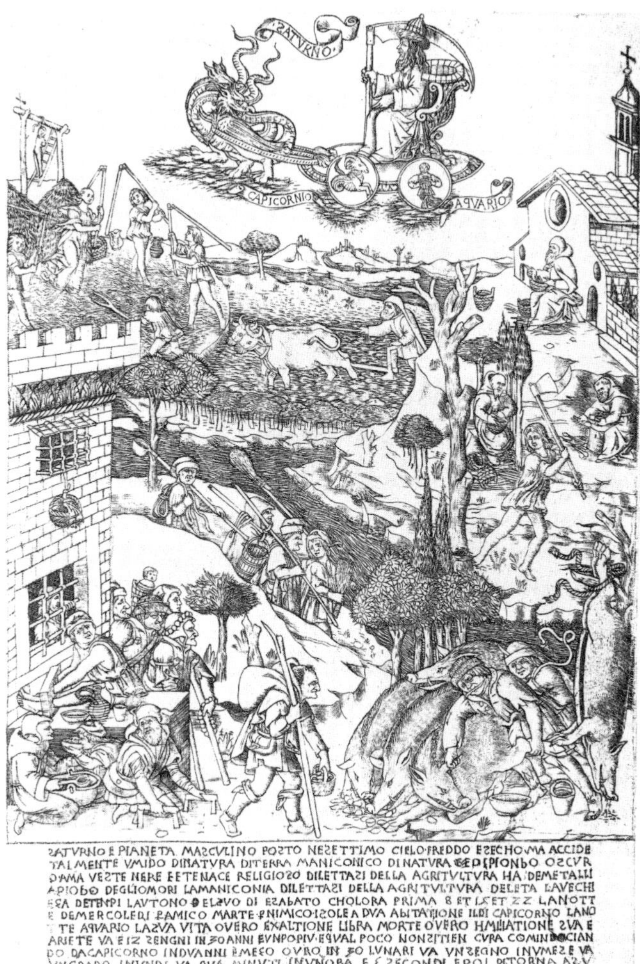

14 *Baccio Baldini (zugeschrieben): Saturn und seine Kinder, erste Auflage, vor 1465*

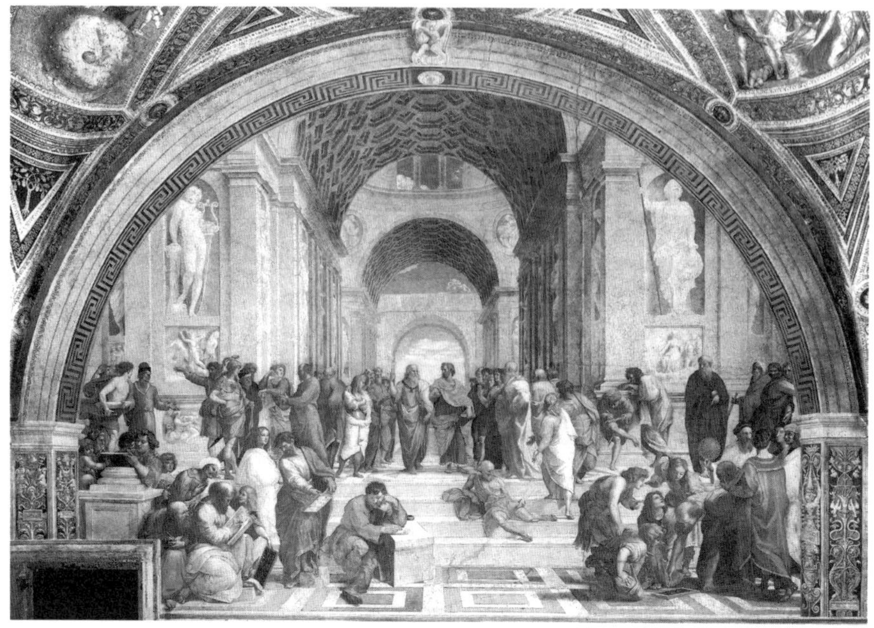

15a *Raffael: Schule von Athen. Rom, Vatikanpalast, Stanza della Segnatura, 1510*

Dass Pallas Athene an dieser Stelle explizit die humanistische Bildung repräsentiert, sah Warburg nicht zuletzt durch den Kreis ihrer Schützlinge bestätigt. Die jungen Männer, möglicherweise teils am Este-Hof tätige Gelehrte, deren neues Konzept der Erziehung eine entscheidende Voraussetzung intellektueller Autonomie war, flankieren den göttlichen Triumphwagen auf der linken Seite. In den Weberinnen auf der rechten Seite, die Pallas Athene als Meisterin der Webkunst zugeordnet sind, wollte Warburg umso mehr eine Anspielung auf die Ferrareser Tuchindustrie sehen, als für ihn technische Errungenschaften ein wesentliches Pendant zur humanistischen Bildung darstellten. Die den Triumphwagen flankierenden Gestalten erinnerten ihn formal allerdings noch an die traditionellen Planetenkinder, deren Schicksal vom Einfluss jenes Planeten bestimmt sein sollte, in dessen Zeichen sie geboren worden waren. So beobachtet Warburg hier ein Element jener Großbewegung, in der die antike Götterlehre die astrologische Praktik zunächst überlagert und sich dann von ihr löst. Diesen letzten Schritt erkannte er in Raffaels Fresko der *Schule von Athen*

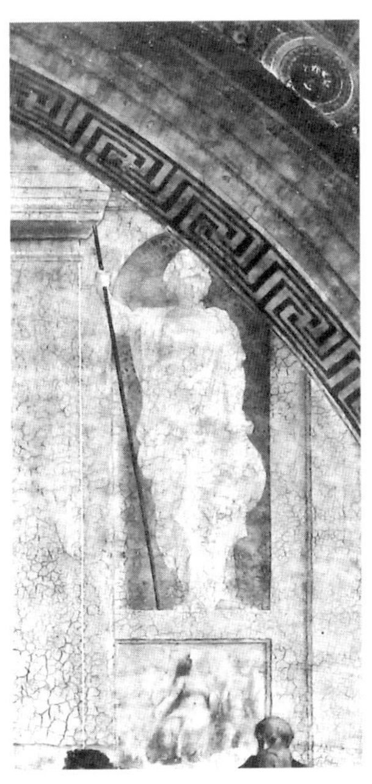

15b *Raffael: Schule von Athen, Ausschnitt: Standfigur der Athene*

von 1510 (Abb. 15a–b). Mit der Darstellung der Athene als Standbild in einer Nische des monumentalen Versammlungssaals war für ihn die endgültige Humanisierung der Göttin vollzogen: Die im Zeichen des Gorgoneions kämpferische Göttin der Wissenschaft und Bildung war in Raffaels *Stanza della Segnatura* für ihre ›Kinder‹, den illustren Kreis der Athener Philosophen, endgültig zu einem Kultbild geworden.

Das dritte und für die Entstehung des modernen Weltbildes entscheidende Motiv war für Warburg die sogenannte »Rückübersetzung des Freskenzyklus von Ferrara ins Sphärische«, und damit in den Kreis. Hierin lag vermeintlich der bewusste Rekurs des Bildprogramms auf die »harmonischen Elemente griechischer Kosmologie«.[50] Dazu war der gigantische Kalender, wie Warburg schreibt, als ein auf die umlaufenden Wände übertragenes Sphärenschema zu lesen: »Die dreistufigen Fresken sind ein planimetrisch projiziertes Sphären-System.«[51] Die von seiner Frau Mary schon für seinen Schifanoia-Aufsatz gefertigte Skizze, auf der die Monate als Kreissegmente erscheinen (Abb. 16),[52] ist offenbar an das bereits erwähnte *Planisphaerium Bianchini* angelehnt (siehe Abb. 9a, S. 19). Die konzentrischen Kreise des *Planisphaerium Bianchini*, das erstmals von Warburg korrekt als Wahrsagetafel oder »astrologisches Würfelbrett« gedeutet wurde, schienen ihm hier in ein platonisierendes Kosmosmodell verwandelt worden zu sein. Diese Beobachtung veranlasste ihn 1924, mit Bezug auf Ferrara von einer »Sphärenharmonie« zu sprechen; augenscheinlich wollte er in der dreistufigen, in einer olympischen Zone gipfelnden Anlage eine Anspielung auf die platonisch konnotierte Harmonie des Kosmos erkennen.[53] Dementsprechend waren die Sterngötter nicht mehr in der oberen, sondern in der mittleren Zone angesiedelt, zum Zeichen der »immaginäre[n] Bändigung der Dämonen durch Platzanweisung im kosmischen harmonikalen Gefüge.«[54]

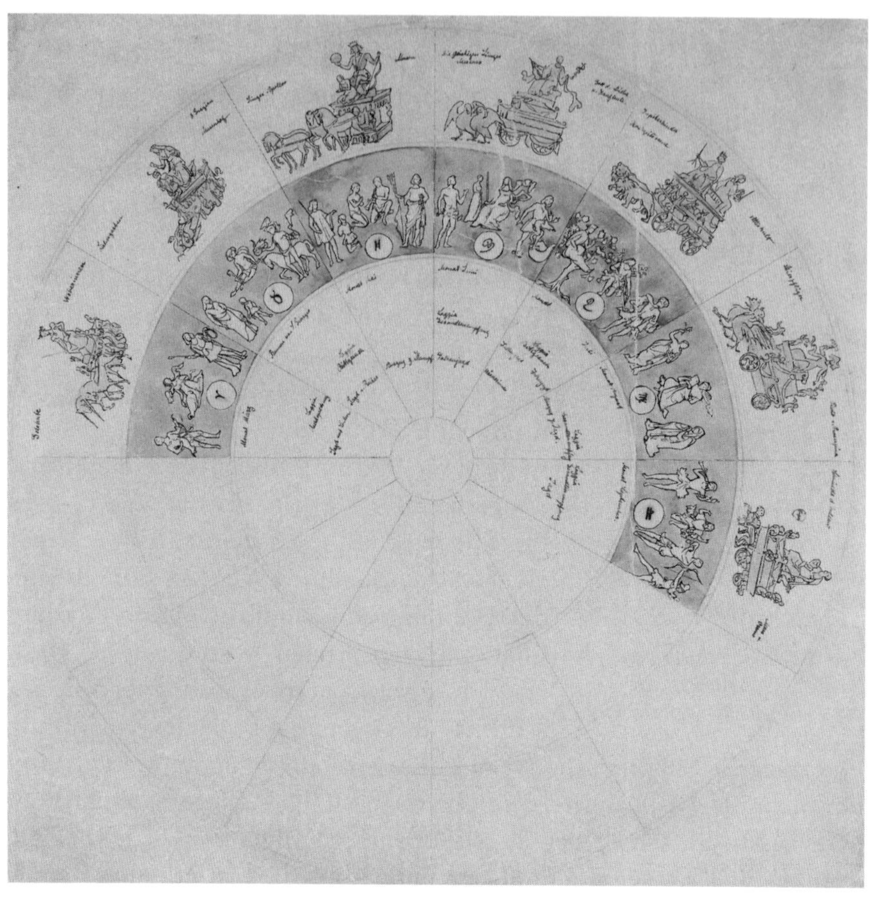

16 *Mary Warburg: Anordnung des Freskenprogramms der Sala dei Mesi als Sphärenschema, um 1911*

Als Warburg all diese Ideen in den ersten Monaten des Jahres 1924 entwickelte und auszuarbeiten begann, erfuhr er, dass Ernst Cassirer den dann im April in die Tat umgesetzten Besuch in Kreuzlingen plante. Ursprünglich wollte der Philosoph schon im Februar zwischen zwei Vorträgen in Bonn und Zürich am Bodensee Station machen. Umgehend gab Warburg zu Hause in Hamburg Anweisung, dem Kollegen noch vor dessen Abreise die beiden Schriften vorzulegen, an die seine aktuellen Überlegungen anknüpften: die Arbeit über den Monatszyklus im Ferrareser Palazzo Schifanoia und die frühe Studie über Bernardino Buontalentis Kostüme für eine Reihe von Intermedien, die Giovanni de' Bardi di Vernio (1534–1612) bei der Hochzeit des Großherzogs Ferdinando I. de' Medici mit Christine de Lorraine im Jahre 1589 auf die Bühne gebracht hatte. In dieser schon 1895 publizierten Studie hatte Warburg die regelrechte Inszenierung des platonischen Mythos von der Entstehung der Harmonie der Sphären und damit einen Höhepunkt der unvermittelten Platon-Rezeption untersucht. Das Interesse an dieser Rezeption lenkte seine Aufmerksamkeit gerade in diesem Moment auch auf Cassirers Aufsatz »Eidos und Eidolon«, der kurz vor dem Erscheinen in den *Vorträgen der Bibliothek Warburg* stand. Den Unterschied »zwischen der sinnlichen und der ideellen Gestalt« – Abbild und Idee – sowie Cassirers Frage, warum in Platons Denken »kein Raum für eine selbständige Ästhetik oder eine Wissenschaft von der Kunst« sei, nahm Warburg im Anschluss an die Lektüre des cassirerschen Aufsatzes zum Anlass, sich über das Verhältnis von der Leiblichkeit des Bildes zum Ideal zu äußern. Dabei machte er Cassirer direkt auf seine eigenen Forschungen zur Genese eines »klassisierenden Idealstils« aufmerksam, speziell auf eben jene Studie über Bardis Inszenierungen.[55] Kurz darauf sollte Warburg allerdings erfahren, dass der Züricher Vortrag und damit Cassirers Besuch vorerst verschoben worden war.

4. *Buontalentis Kostüme und Platons Spindeln*

Dass Warburg auf seine frühen Forschungen zu Bardis Intermedien verwies, war von innerer Folgerichtigkeit. Bereits in seinem Aufsatz von 1895 waren die Überlegungen zur Wiederkehr jenes kosmischen Sphärenmodells angelegt, dem zufolge das All eine Kugel darstellt, in der die damals bekannten sieben Planeten auf kreisförmigen Bahnen um einen Mittelpunkt zirkulieren.[56] Den Ausgangspunkt der Studie bildeten die von Warburg wiederentdeckten Entwürfe jener Kostüme, mit deren Ausführung Bernardo Buontalenti für die sechs 1589 von Bardi konzipierten und in Florenz aufgeführten Intermedien beauftragt worden war.[57]

Das erste Intermedium, dessen Konstellation Bardi wortgetreu auf die Bühne brachte, bestand in einer aufwendigen Inszenierung der *Harmonie der Sphaeren* nach Platons *Mythos des Er* (Rep. 614A–621D). Im Rahmen des Jenseitsberichts einer unsterblichen Seele beschreibt der Philosoph die harmonische Struktur des Kosmos: Die Zentralachse ist eine sich im Schoße der personifizierten Notwendigkeit (Ananke) dre-

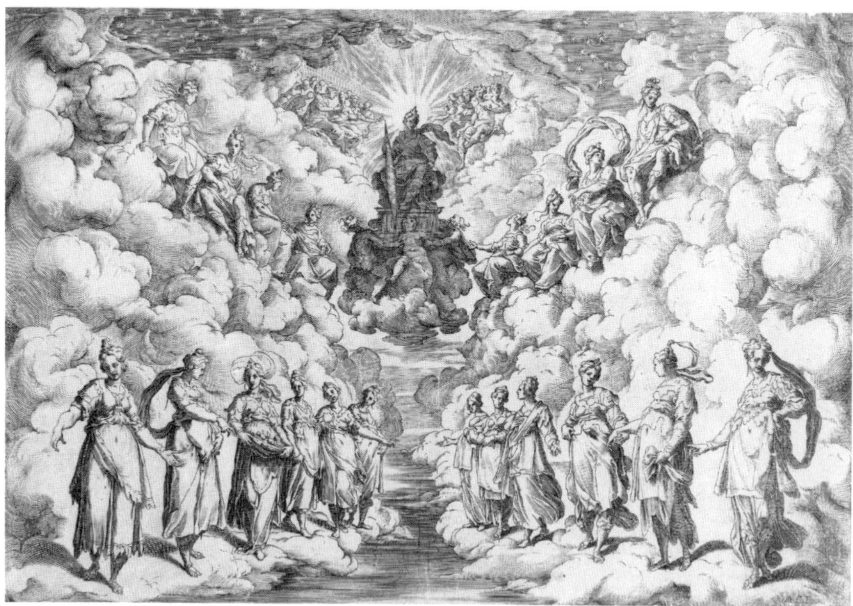

17a *Agostino Carracci: Szenenbild zum ersten Intermedium von 1589*

hende Spindel, um die herum die Sphären der sieben Planeten und der Fixsterne als konzentrische Halbkugeln angeordnet sind. Sie werden von der Spindel in Umschwung gesetzt. Auf jedem ihrer Kreise sitzt eine sich mitbewegende Sirene, die ihre Stimme erhebt und jeweils einen Ton hervorbringt, so dass sich aus allen acht Tönen eine Harmonie ergibt.[58] In ewiger Harmonie mit ihnen besingen die Moiren, Lachesis, Klotho und Atropos, die drei Töchter der Ananke, das von ihnen bestimmte Schicksal der menschlichen Seelen (Abb. 17a–b).

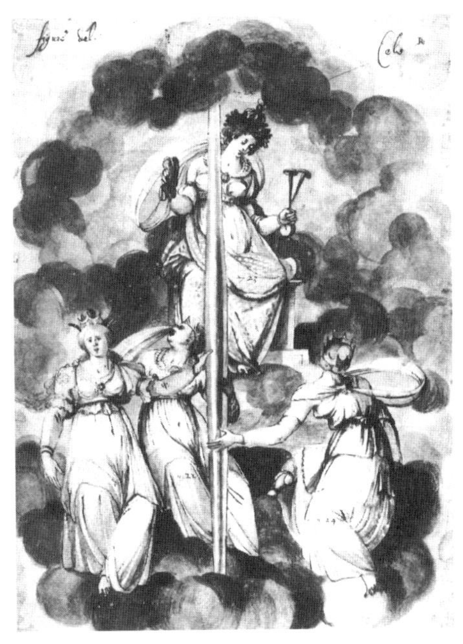

17b *Bernardo Buontalenti: Entwurfszeichnung für die Kostüme der Ananke mit den Moiren. Florenz, Biblioteca Nazionale*

Sein spezielles Interesse am Wandel der Vorstellung göttlicher Schicksalsmächte ließ Warburg in dieser Inszenierung von Platons Mythos über die gerechte Vergeltung irdischer Taten nicht nur eine bewusste Wiedereinführung des harmonischen Idealraums sehen, sondern auch einen Rückgriff auf das Ethos der klassischen Philosophie. Wesentlich schien ihm zudem, dass sich die Rezeption der Vorstellung von der Harmonie des Kosmos im Rahmen der Musiktheorie vollzogen hatte.[59] Musiktheoretiker des 15. Jahrhunderts hatten sich bereits auf dasselbe Sphärenmodell bezogen, jedoch in einer deutlich anderen, von der Spätantike über das Mittelalter an die Humanisten vermittelten Form: Anstatt der platonischen Sirenen hatte man die Musen mit den Planetensphären in Verbindung gebracht. Als Beispiel führt Warburg den bekannten, als Frontispiz fungierenden Holzschnitt aus Franchinus Gafurius' (1451–1522) *Practica musicae* von 1496 an (Abb. 18), auf dem die Künste und Fähigkeiten der Musen jeweils einer der Sphären zugeordnet sind, während in ihrer Mitte Helios-Apoll thront, der den Kosmos regiert.

Diese Tradition erweist sich nun als *missing link* in Warburgs kulturhistorischer Kette. Sie geht in erster Linie auf Martianus Capella zurück. Er identifiziert im 5. Jahrhundert in einem der einflussreichsten didaktischen Texte der Spätantike, seinem *De Nuptiis Philologiae et Mercurii* betitelten Prosimetron – einem enzyklopädischen Kompendium des Wissens und der Erkenntnis – die Sirenen erstmals mit den Musen. Fortan galten die Schwestergöttinnen nicht nur als Sphärenlenkerinnen, sondern auch als Schenkerinnen göttlicher Inspiration und später allgemein als Sinnbild des Studiums, das dann in Ferrara von Pallas Athene repräsentiert wird. Entscheidend war für Warburgs These jedoch die Idee, dass die Musen sich, wie auf diesem Holzschnitt festgehalten, um ihren Anführer bewegen, den im Zentrum thronenden Helios-Apoll.

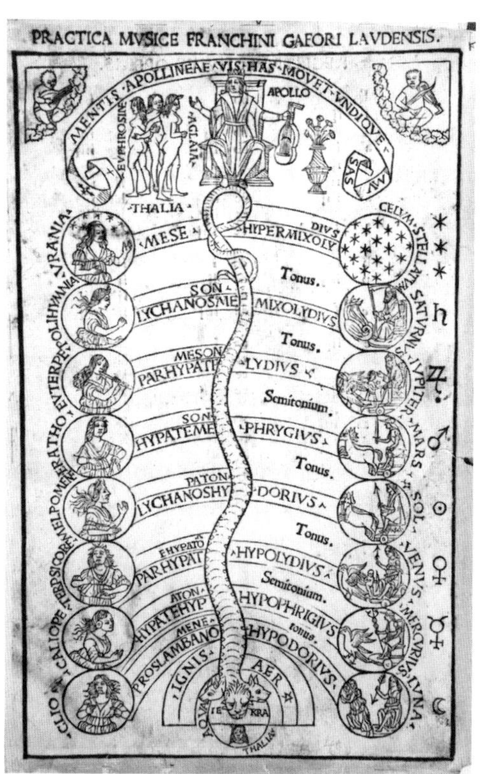

18 *Franchinus Gafurius: Practica musicae, 1496. Frontispiz*

5. *Vom Kalender in Ferrara zu den Sphären Johannes Keplers*

Warburgs Rekonstruktion des Übergangs vom Glauben an einen von Schicksalsmächten bestimmten Kosmos zur Wiederbelebung antiker Sphärenmodelle sowie später der Möglichkeit, diese mit Instrumenten zu überprüfen und damit zu verwissenschaftlichen, führt von der Untersuchung der Fresken in Ferrara über Zwischenstufen schließlich zu Johannes Kepler. Bei den Überlegungen zur Ikonographie des Ferrareser Programms, die an seine früheren Ergebnisse anknüpften, ging es Warburg um die Verdrängung der Planetengötter als Sphärenlenker durch die olympischen Götter. Letztere repräsentierten für ihn allein Prinzipien, die nicht gegeben, sondern ideell erdacht und damit prinzipiell wissenschaftlich zu durchdringen waren. So stellt er etwa fest, dass diese Götter, von denen einige in ihrer Darstellung noch mit Planeten identifiziert werden könnten und somit den Übergang vom alten auf ein

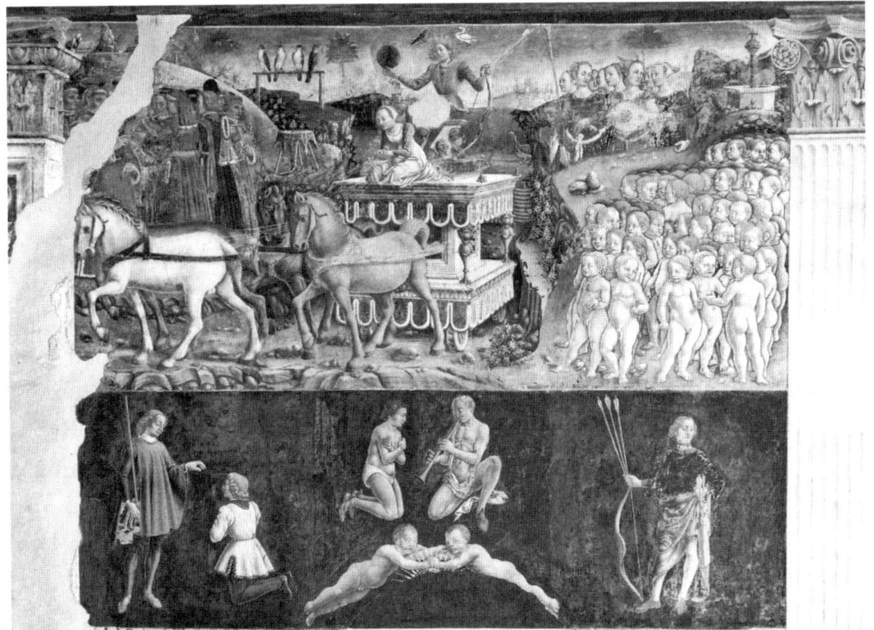

→ S. 91

19 *Francesco del Cossa: Maifresko. Triumph des Apoll mit drei Dekanen im Zeichen der Zwillinge. Ferrara, Palazzo Schifanoia, Sala dei Mesi, 1466–1470*

neues System verdeutlichten, magischen Praktiken nicht mehr zugänglich seien, da sie Ideen personifizierten.[60] Diese Deutung erklärt auch noch einmal Warburgs These der impliziten Anspielung der Wandeinteilung auf ein planimetrisches Sphärenmodell. Mit diesem war ja seit der Interpretation der Harmonie des Kosmos als Allegorie der höheren Erkenntnis durch die Neuplatoniker die Idee eines geistigen Aufstiegs verbunden.

Obgleich die Gruppe der Musen in der *Sala dei Mesi* nur musizierend im Gefolge des Apoll erscheint und nicht als Sphärenlenkerinnen (Abb. 19), waren diese Personifikationen für Warburg ein prototypisches Beispiel, an dem sich zeigen ließ, wie die olympischen Götter in der Frühen Neuzeit ihre ursprüngliche Funktion als Sinnbilder menschlicher Fähigkeiten zurückerhielten. Es veranschaulicht auch, inwiefern Warburg zu der zitierten, zunächst in ihrem universalen Ansatz erstaunenden Behauptung kam, dass die Naturwissenschaft aus dem Mythos erwachsen sei. Im mythologischen Bild der um den Drachenbezwinger und Musenführer Helios-Apoll im Reigen und damit in harmonischer Bewegung tanzenden Musen erkannte er nicht nur eine sinnbildliche Vorprägung des Strebens nach Licht, also Erkenntnis, sondern auch der revolutionären Idee, dass die Planeten um die Sonne zirkulieren. Zwar war das heliozentrische Planetensystem teils schon in der Antike hypothetisch als Modell in Betracht gezogen worden, doch erst Nicolaus Kopernikus (1473–1543) hatte es in seinem *De revolutionibus orbium coelestium* (1543) plausibel dargelegt, und Galileo Galilei (1564–1642) hatte dann versucht, es zu beweisen.

Aus dem hypothetisch angenommenen ideellen Zusammenhang zwischen Mythos und Naturwissenschaft erklärt sich auch, warum Warburg immer wieder den aus der Biologie entlehnten Begriff der Lichtwendigkeit, der »Heliotropie«, verwendet, der sich auf die Hinwendung von Pflanzen zum Sonnenlicht bezieht. Für ihn spielt er sowohl auf den ursprünglich aus dem Osten stammenden Sonnenkult an als auch, wiederum sinnbildlich, auf die Suche nach Wahrheit. Eine Vorprägung dieses Gedankens fand er in den moralphilosophischen Dialogen Giordano Brunos (1548–1600), und auch in diesem Fall teilte er sein Interesse an der Figur des italienischen Denkers mit Ernst Cassirer. So hatte sich Cassirer in seiner 1927 erschienenen Studie *Individuum und Kosmos* Brunos *Lo spaccio della bestia trionfante* (1584) gewidmet, bei dem es um den Sieg menschlicher Tugenden über die vermeintliche Macht der Sternkonstellationen ging. Besondere Aufmerksamkeit schenkten beide Gelehrte Brunos Symbol des Erkenntnisstrebens, dem *lume interno* (»inneres Licht«), das vom göttlichen Licht entzündet werde. Gemeint ist damit ein moralisches Bewusstsein oder Gewissen, die sogenannte *sinderesis*, die Cassirer wiederum als Voraussetzung für die Fähigkeit bezeichnet, die Unendlichkeit und Unbegreiflichkeit der Natur zu verstehen.[61] Dass auch Warburg diesen Zusammenhang noch weiter fasste, lässt sich unter anderem aus diversen Notizen ersehen, in denen er Bardis Inszenierung der Sphärenharmonie in eine Reihe mit den Überlegungen Brunos, Galileis und Keplers stellte.[62]

In dieser kulturhistorischen Reihe wurde Kepler für Warburg zur zentralen Instanz, weil er zunächst an Platons Kosmosmodell angeknüpft hatte, dieses später jedoch durch Berechnungen transzendierte. Bedeutsam war dabei zunächst eine Stelle im Dialog *Timaios*, an der Platon seine Vorstellung von der Materie und Gestalt des Kosmos darlegt. Sie handelt von der Erschaffung des Alls aus dem Chaos (52d–58c). Platon geht in diesem Dialog davon aus, dass der Kosmos aus den vier Elementen Feuer, Erde, Wasser und Luft besteht, die aus einer amorphen Masse entstanden sind. Der *Demiurg* genannte Schöpfer habe dem kleinsten Element beziehungsweise festen Körper einer jeden Masse eine aus Dreiecken zusammengesetzte geometrische Form gegeben, dem Feuer den Tetraeder, der Erde den Hexaeder oder Würfel, dem Wasser den Ikosaeder und der Luft den Oktaeder sowie dem gesamten Kosmos den Dodekaeder. Diese vollkommen regulären, ständig in Bewegung befindlichen Polyeder können Platon zufolge (bis auf den Würfel) ihren Zustand durch Zusammenprall verändern. Jeder dieser

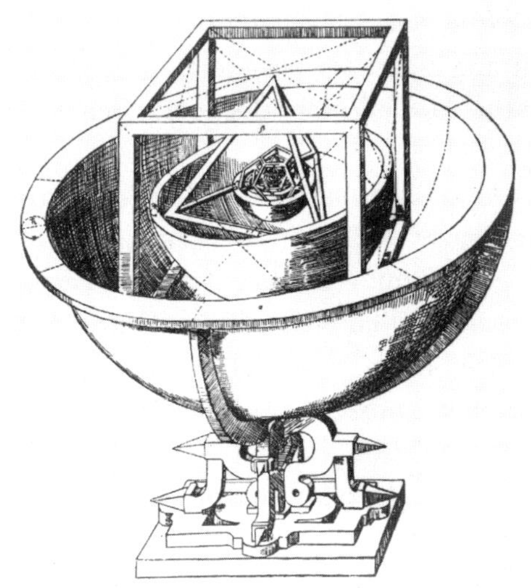

20 *Johannes Kepler: Planetensystem. Illustration aus dem Mysterium Cosmographicum I, 1596*

→ S. 96

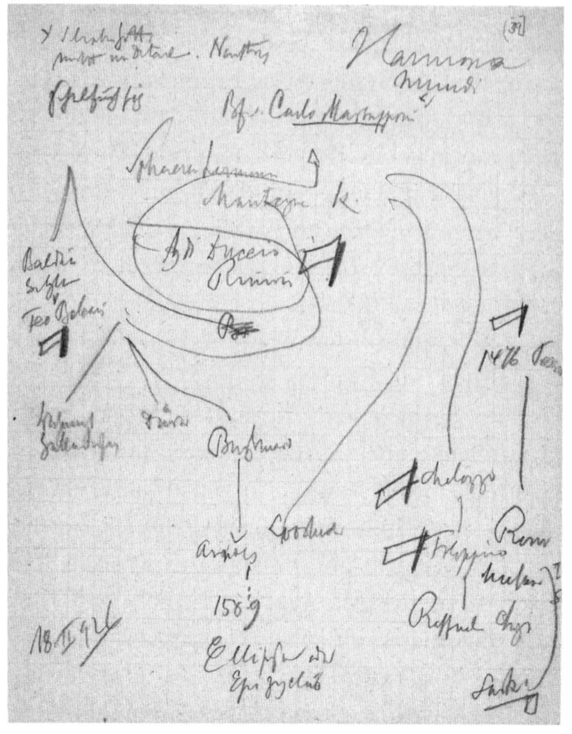

21 *Aby Warburg: Skizze aus dem Konvolut der Übungen zur Kulturwissenschaftlichen Methode, Wintersemester 1925–1926*

später als »platonisch« bezeichneten Körper besitzt eine Innenkugel, auf der die Mittelpunkte sämtlicher Flächen des Körpers liegen. Daraus ergibt sich, dass auch das All kreisförmig ist.

Mit Hilfe dieser platonischen Körper erklärt Kepler in seinem frühen Werk über die Gestalt des Sonnensystems, dem *Mysterium Cosmographicum I* von 1596, die Abstände der Bahnen der sechs bekannten Planeten (Abb. 20). Zwar ging er darin bereits bewusst von einem heliozentrischen System aus, aber ein innerer Widerspruch ergab sich daraus, dass sich die Umlaufbahnen der Planeten in der Beobachtung nicht als kreisförmig erwiesen. Insofern konnte dieses hypothetische Modell nicht der letzte Schritt in Keplers Berechnungen sein.

In der Antike war zur Erklärung der beobachteten Bewegung der Planeten die Theorie der Epizyklen entwickelt worden. Claudius Ptolemäus nahm sie im 2. Jahrhundert n. Chr. auf, verfeinerte sie und vermittelte sie als Formel für die Berechnung der Planetenbahnen. Diese im 12. Jahrhundert wiederentdeckte Theorie besagt, dass sich die Planeten in kreisförmiger Bewegung um sich selbst bewegen und dass die Epizyklen sich wiederum kreisförmig um einen Mittelpunkt drehen, der in der antiken Theorie die Erde darstellte. Die Epizykeltheorie sollte die beobachteten Änderungen von Geschwindigkeit und Richtung in der Planetenbewegung erklären, doch obgleich verschiedene weitere Faktoren in ihre Berechnungen einbezogen wurden, reichte sie als Erklärungsmodell nicht aus. Das war Kepler bewusst. Erst mit der exakten Berechnung der Umlaufbahn des Mars konnte er eine Alternative zu ihr liefern.

Im sogenannten Boll-Vortrag, in dem er die vom Schifanoia-Aufsatz ausgehenden Überlegungen 1925 ausformulierte und öffentlich präsentierte, hat Warburg den Weg hin zu diesem entscheidenden Schritt knapp zusammengefasst:

> So poetisch diese Vorstellung [der Harmonie der Sphären, Verf.], bei deren Schöpfung eine ganze Gesellschaft von Musikgelehrten und Musikern mitwirkten, auch war, sie konnte dem Menschengeiste nicht genügen, der bei der Berechnung der Planetenbahnen auf Rechenfehler stieß, so lange die Epicyklen des Ptolemäus grundvorstellend waren. Auf dem Mysterium kosmographicum von Kepler von 1596 ist als Sinnbild der Sphaerenharmonie ein in einander geschachteltes System der regelmäßigen Körper abgebildet. Jeder dieser Körper, der pythagoräischen Lehre bei Platon entsprechend, verkörpert eine Sphaera. So, um das nur herauszugreifen, der Zwölfflächner die Sphaera des Mars. Gerade aber bei der Marsbahn reichte, wie Kepler einsehen mußte, das bisherige System, das den Kreis als Bewegungseinheit dem Planetenlauf zu Grunde legte, nicht aus. Es fehlte der Einsatz der Ellipse in die mathematische Kosmophysik. Daß hierin für das spät-mittelalterliche Abendland eine Schwierigkeit liegen mußte, war mir klar. Es war eben eine auf die Mathematik angewandte primitive Scheu zu überwinden, die Himmelskörper nicht nach den Idealen oder Anforderungen irdischer Menschenmäßigkeit zu konstruieren. Freilich, gegen die grobe äußerliche Vermenschlichung der Planeten durch Identifikation mit heidnischen Göttern hatte bereits der scharfe und erfolgreiche Angriff Giordano Brunos eingesetzt.[63]

Immer wieder stellte Warburg eine Verbindung zwischen Platons Modell der Weltachse als Spindel, um die sich die Planetensphären konzentrisch in immer schnellerer Bewegung drehen, den Epizyklen des Ptolemäus und Keplers Berechnung der Ellipse her. So fasste er diese Elemente etwa im Februar 1926 in einer für seine Übungen mit Studenten angefertigten Skizze zusammen (Abb. 21), die überdies verdeutlicht, welchen Stellenwert die Graphik in der Vergegenwärtigung dieser Kosmosmodelle einnahm.

6. *Keplers kulturtheoretischer Status*

Warburgs konkretes Interesse an Johannes Kepler bezog sich auf den Umstand, dass dieser mit Hilfe der Himmelsbeobachtungen des Tycho Brahe (1546–1601) als Erster die ellipsenförmige Bahn des Mars korrekt berechnet und dies 1609 in seiner Schrift *De motibus stellae Martis* dargelegt hatte.[64] Mit diesem Schritt war bekanntermaßen der Weg zur rechnerischen Sternkunde geebnet. Wie bereits angedeutet, sah Warburg die Voraussetzung für die praktische Neuberechnung der Planetenbahnen in der theoretischen Einbeziehung der Ellipsenform.

Mitten in seinen Kreuzlinger Überlegungen über den Rückgriff der Humanisten auf die antike Kosmologie und Keplers Akzeptanz der Ellipse ließ Mary Warburg ihren Mann im Januar 1924 (noch vor der Ankündigung von Cassirers Besuch) wissen, dass ihre jüngste Tochter Frede soeben in ihrem Physik-Abitur über das Thema »Theorie der harmonischen Bewegung, erläutert an einigen Beispielen«, hatte schreiben müssen.[65] Dieser Austausch ist der Kontext, in dem Warburgs Reflexionen über die kulturhistorische Bedeutung der Entdeckungen Johannes Keplers erstmals dokumentiert sind. Am 18. Februar 1924 bezieht er sich in einem Brief an seine Frau darauf, dass seine Tochter wohl mit dem Thema der Planetenbewegung aufgrund der Vorbereitung auf ihre Physik-Arbeit vertraut sein müsse. Sie solle deshalb für ihn in Max Cantors *Vorlesungen zur Geschichte der Mathematik* nachschlagen, wann die Arbeit des Apollonius von Perge über die Kegelschnitte, eines der wichtigsten Werke im Corpus der griechischen Mathematik aus dem 3. vorchristlichen Jahrhundert mit dem Titel *Conica*, wiederentdeckt worden sei. Als Erklärung fügt Warburg noch seine Überzeugung hinzu, dass von dieser Wiederentdeckung die »Vorstellung der unregelmäßigen Planetenbewegung« abhänge.

Dass Kepler das Werk des Apollonius gekannt haben müsse, um den geometrischen Körper der Ellipse als Möglichkeit in seine Berechnungen einzubeziehen, war für Warburg die einzig mögliche Erklärung des Durchbruchs. Erst dieser weitere bewusste Rückgriff auf antikes Wissen schien ihm den entscheidenden Denkschritt ermöglicht zu haben.

Nachdem Warburg bis zum Ende desselben Monats aus Hamburg keine Antwort auf seine Anfrage erhalten hatte, bat er seine Tochter direkt, zwei Dinge für ihn zu recherchieren:

1. will ich wissen, wo man eine Geschichte der Theorie der Harmonie der Sphaeren findet (Cantor, Geschichte der Mathematik?) und zugleich eine Darstellung der modernen Lehre von der Harmonie der Bewegung (darüber hast Du ja gearbeitet!). Ferner möchte ich wissen, wann die Kegelschnitte des Apollonius wieder entdeckt worden sind, denn von der Vorstellung der elliptischen Bewegung hängt die Entwicklung der modernen Weltanschauung ab.[66]

Erst einen knappen Monat später bekam er eine Antwort. Frede referierte ihm, was Cantor über die Kegelschnitte des Apollonius zu sagen hat, jedoch nichts zur Geschichte der Theorie der Harmonie der Sphären oder der modernen Lehre der Bewegung:

Heut habe ich die Sache über die Kegelschnitte des Apollonius nachgesehen. Ob es aber ganz so ist wie Du es haben willst, weiß ich nicht genau, denn darüber, was aus seinen Schriften geworden ist, steht sehr wenig im Cantor. Es sind im ganzen acht Bücher über die Kegelschnitte. Die ersten vier haben sich im griechischen Urtext erhalten, das achte ist verloren, und die übrigen drei Bücher wurden erst im 17. Jahrhundert aus einer arabischen Übersetzung bekannt. Schriften des Apolonius [sic] wurden von Federigo Commandino übersetzt und circa 1560 herausgegeben, ob darunter auch die Kegelschnitte waren, ist nicht angegeben. Francesco Maurolico (1494–1575) übersetzte die 4 griechischen Bände und versuchte die fehlenden 4 Bände nach einigen Angaben über ihren Inhalt, die ihm bekannt waren, zu ergänzen; das Buch erschien aber erst 1654, es wurde von Giacomo Alfonso Borelli herausgegeben. Die arabische Übersetzung der 7 Bücher war 1625 durch einen Mönch Golius aus dem Morgenlande mitgebracht, und an den Großherzog von Toskana verkauft. Borelli entdeckte sie hier 1658 und ließ sie von Abraham Echelles in Rom übersetzen. 1661 wurde die Uebersetzung herausgegeben. – Hoffentlich kannst Du Dich [sic] aus diesem Quatsch entnehmen; mehr konnte ich nicht darüber im Cantor entdecken; es ist aber glaube ich auch nicht mehr drin.[67]

Ähnliche Fragen muss Warburg auch mit Alfred Doren bei dessen Besuch im März 1924 diskutiert haben, denn wenig später exzerpierte ihm der Freund einige Passagen über Parabel, Ellipse und Hyperbel aus Cantors Vorlesungen.[68] Vor allem aber wollte Warburg die Frage, ob Kepler von den Texten des Apollonius (den er einen »Platoschüler« nennt) Kenntnis hatte, ins Zentrum des ersten Gesprächs mit Ernst Cassirer stellen. Als er erfuhr, dass dessen schon länger geplanter, zunächst verschobener Besuch schließlich doch stattfinden sollte, stiegen seine Erwartungen. Cassirer wollte für zwei Nächte in Kreuzlingen bleiben. Nach Warburgs Auffassung war dies zu kurz; angesichts seiner kaum in Aussicht stehenden Rückkehr nach Hamburg war er über die in seinen Augen zu knapp bemessene Zeit für einen grundlegenden Austausch enttäuscht. Fünf Tage, meinte er, solle Cassirer mindestens bleiben, damit volle drei Tage zum Reden zur Verfügung stünden. Auf den ihm wichtigsten Punkt des Gesprächs war Warburg bestens vorbereitet. Stichwortartig hatte er sich auf einem Zettel die von seiner Tochter übermittelten Einzelheiten notiert.[69] Die Vorstellung, dass die Einbeziehung der geometrischen Form der Ellipse in Keplers Berechnungen kulturhistorisch die eigentliche Zäsur bedeutete, hatte er zunächst nur intuitiv gewonnen gehabt; nun hatte er einige Daten und Fakten zur Hand. Von Cassirer erhoffte er sich nichts anderes, als seine Hypothese anhand dieser Daten mit ihm zu diskutieren und zu verifizieren.

Dass dem Philosophen genau dies am 10. und 11. April 1924 in Kreuzlingen tatsächlich gelang, bedeutete den zitierten Durchbruch im Wiedergewinn von Warburgs Selbstvertrauen in seine Denkfähigkeit. Die Bestätigung war für ihn gleichzeitig der erste Schritt in Richtung einer letzten, überaus fruchtbaren, in der Arbeit am Bilderatlas *Mnemosyne* gipfelnden Schaffensphase, die der Grundlegung einer ausdruckspsychologisch fundierten Kulturwissenschaft, also seines Begriffs von *Bildwissenschaft*, gelten sollte. Auch der befreundete Architekt Fritz Schumacher (1869–1947) erinnert sich später an Warburgs Kreuzlinger Erkenntnis, dass die Ellipse den »Wendepunkt unseres Daseins« markiere, als eine Einsicht, die auch zum Wendepunkt seiner Kranken- und Genesungsgeschichte geführt habe.[70] Die erste Begegnung mit Cassirer war für Warburg aber weitaus mehr. Sie stellte den Beginn der für ihn zweifellos wichtigsten Freundschaft seiner letzten fünf Lebensjahre dar.

II Kepler als Vermittler zwischen Warburg, Cassirer und Einstein

1. *Ernst Cassirers Besuch in Kreuzlingen*

Bereits lange vor dem Treffen im *Bellevue* hatte Cassirer Warburg durch sein Werk kennen- und schätzen gelernt. Schon ungefähr ein Jahr nach seiner Berufung an die 1919 gegründete Universität Hamburg entdeckte er die Bibliothek Warburg. Eingeführt von Saxl, der ihm das Aufstellungssystem der sogenannten »guten Nachbarschaft« erläuterte, soll der Philosoph das Erkenntnispotential dieser Systematik sofort erfasst und gesagt haben, dass diese Bibliothek gefährlich sei; er müsse sie entweder meiden oder sich für Jahre in ihr einschließen. Nach einer kurzen Phase der Abstinenz trat Letzteres ein.[71] So wurde Cassirer schnell zu einem tragenden Mitglied des mit der Universitätsgründung entstandenen sogenannten Warburg-Kreises. Die Institution in der Hamburger Heilwigstraße 114 – ab 1926 im Neubau mit der Nummer 116 – nutzte er nicht nur für seine Recherchen, sie wurde ihm auch zum Forum für Vorträge und Veröffentlichungen.[72] Vor allem aber entstand hier sein dreibändiges Hauptwerk, die *Philosophie der symbolischen Formen*.[73]

Cassirer versäumte es auch nicht, Warburg schon früh brieflich für die Förderung seiner Forschungen zu danken, wohl vor allem in Anspielung auf die Buchankäufe, mit denen Saxl ihm in wirtschaftlich schwierigen Zeiten half.[74]

Im Jahr 1921 las Cassirer die kurz zuvor erschienene Lutherschrift, in der Warburg die Reformation einerseits als Vorstufe der Aufklärung, andererseits als eine nach wie vor dem Sternglauben gegenüber offene

Epoche deutet, in der Magie und Logik prototypisch nebeneinander existierten.[75] In seinem brieflichen Dank unterstreicht Cassirer erstmals die Gemeinsamkeiten zwischen Warburgs und seinen eigenen Forschungen, nicht nur erkenntnistheoretisch in der Erklärung des »allgemeine[n] Problem[s] der geistigen Struktur der Astrologie«, sondern auch konkret des »Symbolbegriffs«. Gut drei Jahre später, nach der Lektüre des Manuskripts von Warburgs in Kreuzlingen ausgearbeitetem Vortrag über das *Schlangenritual*, kam Cassirer noch einmal schriftlich auf dieselben Affinitäten zurück.[76] Überdies informierte Fritz Saxl den ungeduldigen Patienten am Bodensee regelmäßig und ausführlich über Cassirers Hamburger Aktivitäten. Diese Berichte und die Lektüre von Cassirers Schriften blieben nicht wirkungslos. Sie steuerten den Gedankenfluss des unablässig alte Ideen wieder aufgreifenden und grundsätzlich weiterdenkenden Warburg nachhaltig. Nicht zuletzt jedoch aufgrund der direkten Reaktion Cassirers auf seine Schriften glaubte Warburg mit Recht, in dem Philosophen einen der wenigen Köpfe gefunden zu haben, der seine Suche nach einer kulturtheoretischen Erklärung jenes Phänomens, das er mit dem Begriff des Nachlebens der Antike erfasst hatte, tatsächlich nachvollziehen konnte.[77] All dies hatte seine Erwartungen in den ersten Monaten des Jahres 1924 geschürt.

Schon beim allerersten Gespräch mit Cassirer muss Warburg, wie er seiner Frau noch am selben 10. April 1924 mitteilte, das Thema Kepler angesprochen haben. Nur wenige Stunden nach dem Austausch ließ er Mary Warburg wissen, wie sehr ihn Cassirers Antworten auf seine Fragen befriedigt und wie ihn dessen Klarheit beeindruckt hätten, ja dass er glaube, endlich wieder einen ebenbürtigen Gesprächspartner gefunden zu haben. Es komme ihm vor, als höre er »jemand auf der anderen Seite des Tunnels klopfen«. Cassirer stehe »den philosophischen Problemen« generell so gegenüber wie er selbst »den bildgeschichtlichen«. Besonders aber erfreue ihn, wie er Mary gegenüber betonte, eine spezielle Antwort: »Meine Auffassung der Ellipsenentdeckung als Markscheide der Kulturepochen fand eine schlagende Bestätigung durch Prof. Cassirer: es giebt einen Brief von Kepler (der auch die Ellipse wieder studiert und angewandt hat), in dem er einen Freund, der sich die E[llipse] nicht vorstellen kann, darüber belehrt.«[78] Am nächsten Tag berichtete Warburg seiner Frau allerdings auch, wie sehr ihn die Gespräche angestrengt hätten: »Fühle mich nach d[em] Besuch von

Cassirer jetzt ziemlich ausgepumpt, weil er zunächst dialektisch-philosophische Bestimmtheit erwartet; das Bildmaterial ist bei ihm sekundär und mir doch die Hauptsache.« Dennoch unterstrich Warburg erneut, dass der Austausch ihn mit der hoffnungslosen Sehnsucht erfüllt habe, seinen Ideen noch einmal ernsthaft nachgehen zu können: »Ich habe zwar noch nie das Gefühl gehabt, daß ich von einem Daemon intellektuell geleitet werde, der mich zum Glühkörper machen will und zugleich – selbstverständlich – zerstören will, denn ich werde nicht mehr das Glück haben, in meiner Heimat mich wieder aufrichten zu dürfen. Dazu bin ich zu krank.«[79]

Nur einen Tag nach seiner Abreise schickte Cassirer dem neu gewonnenen Freund und Kollegen mit »besten Wünschen für [die, Verf.] Genesung und für ein baldiges dauerndes Zusammensein und Zusammenarbeiten« noch »einige Notizen im Anschluß an die letzte Unterhaltung«. Es sind die bibliographischen Nachweise für Keplers Kenntnis der Kegelschnitte, die er umgehend für Warburg zusammengetragen hatte: »Die Theorie der Kegelschnitte, wie sie Apollonius aufgestellt hatte, wird von Kepler eingehend entwickelt und erörtert in dem Hauptwerk über die Marsbewegung (›De motibus stellae Martis‹, 1609) Pars IV., Caput LIX; benutzt und zitiert ist hier die Ausgabe des Commandinus (Opera III, 401ff.).«

Ebenso wie über diesen Nachweis muss Warburg sich über Cassirers Betonung gefreut haben, wie sehr er sich durch das erste persönliche Gespräch bestätigt und bereichert gefühlt habe.[80] Cassirers Zuspruch ermutigte Warburg derart, dass er zusammen mit dem zur selben Zeit in Kreuzlingen anwesenden Fritz Saxl an Cassirers Abreisetag einen Brief an seine behandelnden Ärzte formulierte und auf seine Entlassung aus der geschlossenen Anstalt drängte. Seit dreieinhalb Monaten sei er ohne Betäubungsmittel ausgekommen und habe in derselben Zeit wieder ernsthaft wissenschaftlich zu arbeiten begonnen. Zwar sei die eigentliche Wende in seinem Zustand bereits ein Jahr zuvor mit dem erfolgreichen Vortrag über das *Schlangenritual* eingetreten, aber erst der Besuch Cassirers habe ihm die Bestätigung gebracht:

> Denn es hat sich bei dieser Gelegenheit herausgestellt, daß die meinerseits energisch und unter großen Schwierigkeiten fortgesetzten Versuche trotz der erbärmlichen Hilfsmittel, die mir hier zur Verfügung

stehen, doch zu Resultaten führen, die den Zusammenhang meiner seit Jahren aufgezeichneten (in Hamburg liegenden) kunstpsychologischen Einzelbemerkungen mit dem im Lauf meines Lebens zusammengesehenen kulturhistorischen Material gestatten, und es ist vielleicht nicht zuviel gesagt – vielleicht hat Cassirer mit Ihnen darüber gesprochen –, daß ich noch eine wirklich tragfähige neue Methode der kulturpsychologischen Geschichtsauffassung skizzieren könnte.[81]

Ähnlich artikuliert Warburg seinen neu geschöpften Mut in einem weiteren Brief an seine Frau Mary: »Nachdem aber Cassirer hier war, sehe ich, wie ich die Kraft habe, daß mein armes Gehirn sich wieder stutzt und brav antreten will.« Er fügt noch hinzu, Cassirer könne ihr »ja mal auseinandersetzen«, wie er »mit der Idee der Ellipse als symbolische Wasserscheide von Kulturepochen, den Nagel auf den Kopf getroffen habe«. Und weiter: »Was gar kein Wunder ist, auf das ich stolz bin, sondern nur eine Offenbarung der Funktion, die ich intuitiv (unter Qualen) erfülle.«[82] An anderer Stelle bezeichnet er seine Intuition in kulturhistorischen Fragen als »instinktsicher«, womit erneut das Doppelmotiv von Ahnung und Begründung anklingt.[83]

Im zweiten, mit *Das mythische Denken* übertitelten Band seiner *Philosophie der symbolischen Formen*, der ein Jahr nach dem Austausch mit Warburg in Kreuzlingen erschien, widmet sich auch Cassirer der Frage, inwiefern Platon »in der Sprache des Mythos« den Weg »zur Begründung des modernen wissenschaftlichen Weltbildes« gewiesen habe. Noch Keplers frühe Werke, das *Mysterium Cosmographicum* und die *Harmonia mundi*, heißt es darin, seien von den Platons *Timaios* beherrschenden Grundgedanken erfüllt. Dass Cassirer jedoch insbesondere den »Mittelbegriff der Zeitordnung« als entscheidenden Faktor zur Begründung des modernen Weltbildes herausstellt, unterscheidet seine Deutung der keplerschen Leistung von Warburgs These, die sich auf die Akzeptanz der symbolischen Form der Ellipse und die Überwindung der harmonischen Form des Kreises stützt. In Keplers *Harmonia mundi* zeige sich, so Cassirer, »zum erstem Mal in voller Klarheit ein neuer Zeitbegriff: der Zeitbegriff der mathematischen Naturwissenschaft«:

In der Formulierung der drei Keplerschen Gesetze erscheint die Zeit als die Urvariable, als jene gleichförmig sich verändernde Größe, auf

> welche alle ungleichförmige Veränderung und Bewegung bezogen und an der das Maß dieser Veränderung bestimmt und abgelesen wird. Das ist fortan ihre ideelle, ihre rein-gedankliche Bedeutung, wie sie, im Hinblick auf die neue Gestalt der mathematischen Physik, unmittelbar darauf von Leibniz in allgemeinen philosophischen Begriffen festgestellt wird.[84]

Für Warburg allerdings blieb die bipolare Form der Ellipse mit ihren zwei Brennpunkten das wesentliche Element des Durchbruchs. In den Brennpunkten sah er einen Spiegel der Welt, nicht nur der Pole von Rationalität und Irrationalität (die seiner Auffassung nach die menschliche Psyche über jegliche Ein- und Ausdrucksform determinieren), sondern etwa auch der Elektrizität und anderer bipolarer Gegensätze.[85] Da diese Form, wie er meinte, der modernen Naturwissenschaft zum Durchbruch verholfen hatte, wurde sie für ihn persönlich zum Symbol seiner auf Aufklärung und damit auf vernunftgesteuertes Denken zielenden Kulturwissenschaft.

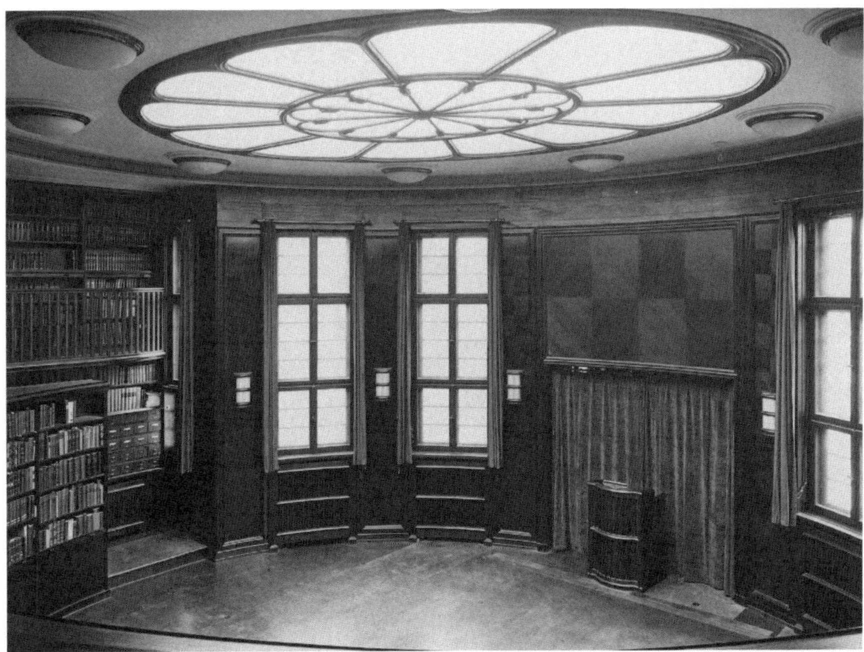

22 *Hamburg, Kulturwissenschaftliche Bibliothek Warburg, Vortrags- und Lesesaal, 1926*

Die in den 1920er Jahren in Warburgs Überlegungen immer größer werdende Kluft zwischen empirischer Anschauung des Einzelobjekts und einem theoretischen *a priori* schien allein mit dem »Medium einer quasi-poetischen, ostentativ darstellenden Form«, eben der symbolischen Form, überbrückbar. Symbolisierung war nun nicht mehr nur im engeren Sinne als abstrahierende Verfahrensweise der Kunst zu verstehen, sondern wurde grundsätzlich zur »Denkform« erweitert.[86] Dass Warburg sich diese Denkform vollkommen zu eigen machte, erklärt seine Idee, dem Lese- und Vortragssaal des Neubaus seiner Bibliothek eine ellipsoide Form zu geben (Abb. 22). Darüber hinaus wollte er seine Einsichten in die Kulturgeschichte aber auch aktiv an einem geeigneten Ort einer möglichst breiten Öffentlichkeit vermitteln.

2. *Rückkehr nach Hamburg*

Zwischen Cassirers Besuch in Kreuzlingen und der aus ihm erwachsenen Idee Warburgs, eine historisch-didaktische Einführung in die neu angelegte astronomische Abteilung des 1903 gegründeten Deutschen Museums in München zu konzipieren, lagen ungefähr drei Jahre. Noch 1924 konnte Warburg nach Hamburg zurückkehren und dort seine Arbeit wieder aufnehmen. Den mehr oder minder offiziellen Auftakt seiner Rückkehr in die Gemeinschaft der Forschenden stellte im April 1925 sein bereits in Auszügen zitierter, konzeptionell wichtiger Gedenkvortrag für den im Juli 1924 verstorbenen Franz Boll dar. Da Boll die von Warburg in Kreuzlingen entwickelten Ideen mit seinen Texteditionen maßgeblich gefördert hatte, sollten diese Ideen zu Ehren des Kollegen erstmals in seinem Namen öffentlich präsentiert werden. In der für Warburg typischen verdichteten Form gibt der Vortrag Einblick in das aus den Kreuzlinger Überlegungen erwachsene Projekt, mit dem er die Resultate seiner früheren Studien kulturtheoretisch miteinander zu verknüpfen gedachte.[87] Dabei erläutert er zunächst anhand der spätantiken Kosmosvorstellungen die Technik der auf einer vermeintlichen Analogie von Makro- und Mikrokosmos beruhenden Schicksalsprognosen (wie Würfelorakel, Horoskop, Leberschau), um dann mittels der bereits erörterten Beispiele (Palazzo Schifanoia, Villa Farnesina, Fortuna, Harmonie der Sphären und Keplers Werk) zu zeigen, wie selbstbewussten Charakteren des 15. und 16. Jahrhunderts durch Rückbesinnung auf die Antike die sogenannte »Befreiung« von den Mächten über ihr Schicksal gelang. Der Stellenwert dieser programmatischen Zusammenfassung seines Lebenswerks muss Warburg bewusst gewesen sein. Er überarbeitete den Vortragstext noch gründlich für eine Publikation, doch sie kam nicht mehr zustande – wahrscheinlich weil er sich ab Anfang 1927 ganz auf die Konzeption des Bilderatlas *Mnemosyne* konzentrierte, dessen geplanter Kommentar im Kern dem Argument des Vortrags folgen, der inhaltlich aber deutlich über den Vortrag hinausgehen sollte.

Das Ableben Franz Bolls führte indirekt auch dazu, dass Warburg, zunächst auf eigene Initiative, an dessen Stelle als Berater den Entwurf für eine historische Einführung in die Münchener Ausstellung entwickeln wollte.[88] Wie schon im Boll-Vortrag sollte auch in München die Schwellenposition Johannes Keplers herausgestellt werden. Kurz nach einer Besichtigung der Örtlichkeiten im Januar 1927 stellte Warburg den Kollegen vom Deutschen Museum die Konzeption einer geplanten *Bilderreihe* vor. Er wolle, so erläuterte er dem Leiter der physikalischen und astronomischen Abteilung des Museums, Franz Fuchs (1881–1971), »vor allem im Bilde zeigen, wie im Endkampf zwischen deutscher Mathematik und heidnischem Anthropomorphismus durch Kepler die bildhafte Ursachensetzung durch die zeichenmäßige ersetzt wird.« Dadurch habe »sich ihm [Kepler, Verf.] die Unendlichkeit des Raumes als Substrat des Denkens« erschlossen. Und Warburg fügte hinzu: »Mit diesem Moment dürfen wir endlich von dem Beginn einer sogen[annten] neuen Zeit dem Altertum gegenüber sprechen.«[89] Bereits einen Monat später drückte er in einem weiteren Brief an den Museumsgründer und Leiter, Oskar von Miller (1855–1934), die Hoffnung aus, »das gesamte Abbildungsmaterial« bis Anfang Oktober desselben Jahres ausgearbeitet zu haben und schon im Sommer »zur endgültigen Genehmigung vorlegen zu können«.[90]

Der Kontext eines Museums der Technik sollte Warburg die Möglichkeit bieten, die Rolle der technischen Hilfsmittel in der voranschreitenden Beherrschung des Raumes in seine Argumentation einzubeziehen. Bei der Präsentation der gemeinsam mit Saxl erarbeiteten Tafelentwürfe für die entsprechende *Bilderreihe*, die schließlich am 12. und 13. September 1927 in Hamburg stattfand, spielte dieser Aspekt jedoch keine Rolle.[91] Auf sechzehn Tafeln hatten die beiden stattdessen einen historischen wie theoretischen Abriss der menschlichen Vorstellung vom Kosmos zusammengestellt. Auch hier verwendete Warburg seine bekannten Beispiele, um die Entwicklungsschritte von der subjektiven Projektion von Erfahrung auf das Universum bis zu dessen objektiver Erfassung durch Keplers Berechnungen zu illustrieren.[92]

Obgleich bei dem Besuch der beiden Münchener Museumsmänner eigentlich nur offene Fragen diskutiert werden sollten, wurde wohl vor allem deren grundsätzliche Skepsis gegenüber der Komplexität von Warburgs Ansatz offenbar. Kurz darauf erteilte von Miller den Hamburgern dann auch schriftlich eine Absage; auch wenn der Besuch in Warburgs Bibliothek eine persönliche Bereicherung dargestellt habe, heißt es darin, dürfe man beim Münchener Publikum nicht das nötige »historische« und »religionswissenschaftliche« Verständnis erwarten.[93] Trotz dieser Absage hielt Warburg am Plan der Einrichtung einer öffentlichen Ausstellung, seinem sogenannten »Kosmologikon«, fest; kurz nach seinem Tod kam es 1930 mit der im Hamburger Planetarium unter Fritz Saxls Leitung umgesetzten *Bildersammlung zur Geschichte von Sternglaube und Sternkunde* tatsächlich zur Realisierung dieses lange verfolgten Anliegens einer für die breitere Öffentlichkeit konzipierten didaktischen Ausstellung.[94]

Neben den Bemühungen um eine öffentliche Ausstellung schritt jedoch auch die Arbeit am Bilderatlas kontinuierlich fort. Um Warburg bei der Materialsuche für seine kulturtheoretische Argumentation zu unterstützen, machte Fritz Saxl offenbar noch im September 1927 auf einer Reise in Kues Halt. In der Bibliothek des Nikolaus von Kues studierte er auch Keplers Werke und berichtete Warburg umgehend von seinen Funden:

> Ich habe mich in Kepler eingelesen und verstehe jetzt etwas mehr von diesem Giganten. 1596 sind ihm die Vorstellungen des Tübinger Marskinderblattes durchaus lebendig. Damals begründet er die auch viel später ihm gültige Gleichstellung des Plan[eten] mit den 5 regelmäßigen Körpern richtig astrologisch. »Mars (Dodekaeder) bringt mit vielen Seitenflächen wenig Ebenen heraus. Venus weit mehr bei einer gleichgroßen Anzahl von Seitenflächen. Viele Versuche des Mars sind nämlich vergeblich. An Wagnissen ist ihm Venus gleich, erfreut sich jedoch des größeren Glücks dabei. Das soll uns nicht Wunder nehmen: Denn leichter sind Tänze veranstaltet als Kriege begonnen, und es war billig, schneller die Liebe ans Ziel gelangen zu lassen als den Haß, denn dieser vernichtet die Menschen, jene aber erzeugt sie.« 1609 erscheint die Untersuchung über die Marsbahn. Aber die ist nicht mehr astrologisch im Sinne des 15. Jahrh[underts], sondern sie spielt mit der Astrologie. Die Einleitung an Rudolf II. ist so wunderbar, daß ich sie abschreibe:
>
> »Deiner geheiligten Kais[erlichen] Maj[estät] und dem ganzen ruhmstrahlenden Geschlechte des Erzhauses Oest[erreich] zum Heil und Segen führe ich jetzt einen gar angesehenen Gefangenen heran, damit ihn die Staaten Deiner Maj[estät] endlich öffentlich anschauen können. Schon vor langer Zeit habe ich ihn unter dem mächtigen Schutze Deiner Maj[estät] in schwierigem und mühevollem Feldzug gefangen gesetzt... Doch mich trifft, wie ich die Siegesbahn beschreite, wundervoller Glanz – er zwingt den Blick zur Seite und schmerzt die Augen, die ans spärliche Licht der Nacht sich gewöhnt und die Schatten der Bücherreihen. Drum überlaß ich es den Geschichtsschreibern, den

im Kriegswesen erworbenen Ruhm unseres Feindes zu schildern. Sie werden gewiß sagen: ›das ist ja der, durch den alle Heere, alle Feldherrn obsiegen, alle Könige herrschen: ohne dessen Hilfe man niemals einen Gefangenen ruhmreich heimgeführt hat.‹ Nun können sie ihr Auge am Anblicke des Gewaltigen sättigen, den ich mit Hilfe *meines* Kriegsgottes überwunden habe.«

Deutlicher kann es nicht gesagt werden: der alte Mars ist mit Hilfe des neuen Keplerschen Mars (»meines Kriegsgottes«) überwunden.

Die Fortsetzung der Einleitung spielt weiter höchst geistreich mit dem Thema. »Von den Fesseln eines Rechnungsganges liegt nun umstrickt der Gott, der der Herr des Widders ist, dem Deutschland unterstehen soll u.s.w.« Hochinteressant sind die Äußerungen über die Ellipse in demselben Buch: »Es ist kaum zu glauben, welche Mühe mir die zu diesem Zwecke herangezogene Krafterzeugung im 4. Teile gemacht haben: Sie waren berufen, die Abstände der Wandelsterne von der Sonne und die exzentrischen Kreise verständlich zu machen, brachten aber falsche, von den Berechnungen unterschiedene Werte. Nicht deshalb, weil sie mit Unrecht eingeführt wurden, sondern weil ich sie gewissermaßen an die Stampfmühle der Bahnkreise angebunden hatte. Verhext von der Meinung des großen Haufens, mit solchen Fesseln an den Füssen, konnten sie ihr Werk freilich nicht verrichten... Der Lauf eines Wandelsternes am Himmel ist kein Kreis, sondern geradezu eine Ellipse.« (Ein paar Seiten weiter steht dann der Satz mit den 8': »so haben diese 8' allein den Weg der Erneuerung der gesammten Himmelswissenschaft gebahnt.«).[95]

Warburg fand in dieser Schilderung nichts weniger als die Bestätigung seiner Einstufung Keplers als »Übergangstype«. Dementsprechend erfreut antwortete er auf Saxls Brief in Hinblick auf das Konzept einer kosmologischen Bilderreihe sowie des Atlas mit einem Seitenhieb auf die Zweifler:

Ihr Brief aus Cues hat mir große Freude gemacht, nur so können wir im Steilschuß über die Köpfe der Philister hinweg unser Ziel treffen. Kepler muß als Endstation so plastisch als Übergangstype zwischen mythischem und mathematischem Denken herausmodelliert werden, daß er nach rückwärts den ganzen Entwicklungsvorgang in unwidersprechlicher Helle beleuchtet. Wir machen eben unseren Riesenatlas, aus dessen Einzelblättern die anderen nachher ihren Kohlsalat zusammenstoppeln mögen.[96]

Von der Richtigkeit seiner Überlegungen überzeugt, doch weiter auf der Suche nach Bestätigung von berufener Seite, fuhr Warburg ein knappes Jahr später zu Albert Einstein. Bewaffnet war er mit einer Reihe von vorerst provisorischen Tafeln dieses aus Bildern gefertigten *Opus magnum*, dem Atlas, den er scherzhaft immer wieder als Bilder-Salat bezeichnete.

3. *Warburgs Besuch bei Einstein in Scharbeutz*

Die Idee des Besuchs war von Warburgs Absicht getragen, dem theoretischen Physiker seinen in der letzten Bearbeitungsphase stehenden Bilderatlas *Mnemosyne* nicht nur in der Gesamtkonzeption zu präsentieren, sondern ihm auch eine seiner Hauptthesen darzulegen, die kulturhistorische Schwellenposition der keplerschen Planetengesetze. Dabei versuchte er, Einstein insbesondere die enge Verbindung von Astrologie und Astronomie mittels seiner Beispiele nahezubringen.

Der Brief vom 3. September 1928, in dem Warburg Einstein sein Anliegen skizziert, ist als Entwurf überliefert. Er erstaunt in der kompromisslosen Verdichtung kosmologischer Überlegungen:

> Von Haus aus Kunsthistoriker bin ich seit 20 Jahren mehr und mehr darauf gekommen, die Frage der erkenntnistheoretischen Urgeräte – als welche ich die astrischen Symbole anspreche – beim Geschäfte der Orientierung im Kosmos zu untersuchen und sehe jetzt eine Reihe von ca. 1200 Bildern vor mir, auf Gestellen ausgebreitet, die mir immer wieder das Rätsel der energetischen Ambivalenz (Polarität?) dieser Symbole aufgegeben haben, d.h. die zwiefach polare Funktion des astrischen Symbols, dessen Leben im Pendelschlag von bildhafter Aneignung des Beschauers bis zur zahlenmäßig verfestigten Denkraumschöpfung zwischen Objekt und Subjekt besteht.
>
> Diese astrischen Symbole im Stadium der Labilität zur Geschichte zu erfassen, ist die Aufgabe meiner Arbeit, und ich habe das Gefühl, daß die dabei hervortretende Relativität des Kunstbildes von Ihnen in seiner funktionellen Bedeutung ohne weiteres verstanden worden wäre.[97]

Der Briefentwurf wirkt wie eine Komprimierung der Hauptthesen von Warburgs Schrift über *Heidnisch-antike Weissagung in Wort und Bild zu Luthers Zeiten.* So bezieht sich das erkenntnistheoretische »Urgerät« auf Sternkonstellationen und Sternbilder, die er bezüglich der Reformationszeit eben als jenes »Gerät« zu rekonstruieren versucht hatte, »mit dem der Astrologe zugleich messen und zaubern kann«.[98] Dieses Doppelvermögen, eine kosmologische Mathematik mit dem magischen Zusammenfall von Subjekt und Objekt zu verbinden, führt in den Kern des Themas, das Warburg mit Einstein mit Blick auf Kepler zu erörtern hoffte. Im Luther-Aufsatz hatte er vorformuliert, was er Einstein gleichsam als Visitenkarte offerierte:

> Die Wiederbelebung der dämonischen Antike vollzieht sich dabei, wie wir sahen, durch eine Art polarer Funktion des einfühlenden Bildgedächtnisses. Wir sind im Zeitalter des Faust, wo sich der moderne Wissenschaftler – zwischen magischer Praktik und kosmologischer Mathematik – den Denkraum der Besonnenheit zwischen sich und dem Objekt zu erringen versuchte.[99]

In dieser Qualität der Bildsymbole sah Warburg eine Möglichkeit, die sich zerstörerisch oder konstruktiv, okkult-magisch oder aufklärerisch als Schöpfung eines »Denkraumes« realisieren konnte. Hierin lag die jeweils spezifische historische »Labilität«, deren Erschließung Warburg als das Ziel seiner kunsthistorischen Arbeit erläuterte. Das Ergebnis, die von ihm so genannte »Relativität des Kunstbildes«, hoffte er Einstein nahebringen zu können.

Mit der »Relativität« spielte Warburg auf jenen Begriff an, mit dem Einstein generell assoziiert wurde. Warburgs Einordnung von dessen Raum-Zeit-Relation in die Geschichte einer Kosmologie, die bis heute immer neu zwischen bildhaften Symbolen und zahlentechnisch präzisierten Denkgefügen oszilliert, bietet einen eigenen Weg, der Einstein offenbar angezogen hat. Nach Erhalt des Briefes lud er Warburg umgehend bereits für den folgenden Tag ein.[100]

Am selben 3. September, an dem Warburg seine Ziele brieflich übermittelte, trug er sein Anliegen auch in das Tagebuch der K.B.W. ein (wo es von seiner Kollegin Gertrud Bing [1892–1964] schriftlich kommentiert wurde):

> Grund der Reise: Die aesthetischen Werte sind relativistisch zu betrachten. Einerseits haben sie eine Schwere der Prägung die den Maximalwerten als intensiva und extensiva eine mnemische Dauer verbürgt.
>
> Andererseits sind diese Prägewerte »gefühllose« Monaden ohne Fenster, die erst durch Berührung mit dem selektiven Wollen der Epoche zu Funktionen der Anziehung oder Abstoßung von Leben werden.
>
> Dispepsie dem Mittelmeer-Erbgut gegenüber der Sinn der europäischen Kulturgeschichte.

vorbildlich geprägte Leid-schaft=Jerusalem
Kleinasien
vorbildlich geprägte Leidenschaft=Griechische Tragödie
Römische Victoria
Bing: ›Wunderbare Formulierung! Sehr klar und pregnant.‹
Von College Bing sehr auffrischendes Telegramm.[101]

Die »aesthetischen Werte« bezeichnen die den Bildsymbolen innewohnenden Energien, die ihre »Maximalwerte« im Pendelschlag ihrer Subjekt- (intensiva) und Objektbeziehung (extensiva) in das Gedächtnis eintragen. Zur Bezeichnung der Labilität der Bildsymbole, die in der Geschichte in jeweils besonderer, relativer Weise konkretisiert wird, bemüht Warburg nun die leibnizsche Fensterlosigkeit der Monade,[102] die erst durch Kontakt mit dem »selektiven Wollen der Epoche« die ihr eingegebenen Möglichkeiten realisiert. In der kryptischen Konzentration seines skizzenhaften Einfalls hat Warburg hier die Ansicht formuliert, dass die Aktivierung des antiken Bilderbes sowohl ein zerstörerisches wie auch ein lebensbejahendes Potential in sich birgt. Auf den Tafeln seines Bilderatlas *Mnemosyne* hat er dieses risikoreiche Vermögen immer wieder thematisiert, ja in der letzten Serie auf einer der letzten Tafeln sogar zum Hauptthema gemacht.[103]

Warburgs Überzeugung, dass der moderne Wissenschaftler einen »Denkraum der Besonnenheit« zwischen magischer Praktik und kosmologischer Mathematik erringen müsse, weil »Athen [...] eben immer wieder neu aus Alexandrien zurückerobert sein« wolle,[104] ist in dem Tagebucheintrag in die spielerische Transformation des mit dem Kreuz und Jerusalem zu identifizierenden »Leid-Schaftes« zur »Leidenschaft« der griechischen Tragödie gefasst. Indem Warburg mit dem Stichwort »Kleinasien« die Summe der »Leid-Schaft« lokalisiert, die griechische »Leidenschaft« jedoch in die »Römische Victoria« überführt, imaginiert er offenbar die italische Siegesgöttin als Gegenpol zum kleinasiatischen Leidenstelos, um zwischen ihnen die griechische Form in ihrer sowohl dionysisch-orgiastischen wie auch tragisch-zerstörerischen Qualität zu bestimmen. Dass Warburgs Mitarbeiterin Gertrud Bing diese Zuspitzung als eine so klare wie prägnante Formulierung unterstreicht, lässt etwas von dem Klima der reflexhaften Übereinstimmung erahnen, die sich durch die unentwegten Bemühungen um das Erfassen des »Mittelmeer-Erbguts« ergab.

In seinem Dankesschreiben (für das Überlassen seines Autos samt Chauffeur) an den Bruder Max gibt Warburg seinen Besuch bei Einstein als folgerichtigen Höhepunkt der über Jahrzehnte entwickelten Ziele aus. Angestoßen durch seine Dissertation über die mythologischen Gemälde Botticellis,[105] habe er die Verwandlungen der antiken Bildmotive in ihrer tropischen Form, bei der ein Bildelement ein anderes vollständig ersetzt, oder in ihrer metaphorischen Transformation, bei der es in der Distanz sichtbar bleibt, auf andere Gebiete bis hin zu den Sternzeichen ausgeweitet:

> Es muß Vieles von meinen Handlungen – was ich bewußt gerade vor Dir noch einmal betonen möchte – für den Außenstehenden den Charakter einer romantischen Spontaneität tragen, während es sich um eine langsam vorbereitete und instinktsichere Expansion handelt. Daß ich letzten Endes auf Gesetze lossteuere, die auf dem Nachweis psychophysiotechnischer Vorgänge beruhen, ist mir schon seit meiner Dissertation klar. Den inneren psychotechnischen Sinn des <u>Vergleichens</u> und des <u>Gleichnisses</u>, das in der Form der »Trope« den beobachteten Gegenstand, (der einen anderen völlig ersetzt,) oder in der Form der Metapher (die durch den Zusatz: »wie« das Bewußtsein von der nur bedingten Gleichheit wachhält,) wollte ich auf Grund der kunsthistorischen nachweisbaren Entwicklung irgendwo packen. So bin ich von allegorischen Bildern Botticellis zur Praktik und Geschichte des astrischen Symbols gekommen.[106]

Auch hier definiert Warburg das exemplarische Material der Selbsterkennung des Menschen als jenes ambivalent schwingende Denkvermögen, das zwischen Bildsymbol und Mathematik changiert. Die Rekonstruktion dieser Art Reflexion bestimmt er als Ziel seines *Mnemosyne*-Projekts, das er Einstein in Ausschnitten zu demonstrieren trachtete, um ihn einerseits über die Wurzeln seiner eigenen Wissenschaft aufzuklären, andererseits aber auch selbst für das Vorhaben des Bilderatlas einen Gewinn aus dem Austausch zu ziehen:

> Das allgemein Bedeutsame besteht nun darin, daß ich dadurch Material zur Selbsterkenntnis des denkenden Menschen einliefere, daß ich den Weg von der Konkretion zur Abstraktion nicht als ausschließende Gegensätzlichkeit sondern als organischen Kreislauf im menschlichen Denkvermögen auffasse und nachweise.

> Es stellt sich dabei heraus, daß die astrischen Symbole (Sternnamen) nun jene Eigenschaft haben, daß sie bald Trope, bald Metapher sind, und diese Doppelwertigkeit (Ambivalenz) in ihrer historischen Entwicklung darzustellen, wird mir nun, glaube ich, in meiner Mnemosyne gelingen.
>
> Es ist klar, daß ich dem Mann, der die ganze Weltanschauung, insofern sie auf altertümlicher, mystisch-bildhafter Ursachensetzung beruht, aufgehoben hat, nämlich Einstein, gerade den mythisch-bildhaften Urgrund seiner Denkweise einmal zeigen wollte, die auch, wie ich mit Recht annahm, ihm unbekannt sein mußte, und zugleich wollte ich, wenn irgend möglich, aus seiner Art für meine Mnemosyne lernen.[107]

Warburg sah seinen Besuch bei Einstein offenbar als Nagelprobe eines Vierteljahrhunderts der Beschäftigung mit den »psychophysiotechnischen« Wirkungen und Leistungen von Bildern. Die hieraus sich abzeichnenden kulturgeschichtlichen »Gesetze« glaubte er Einsteins epochalen Erkenntnissen zur Seite stellen zu können. In seinem Selbstverständnis fuhr Warburg nicht als intellektueller Tourist, sondern als ein Ebenbürtiger, der ebenso viel zu geben wie zu erfahren hofft.

Das Treffen fand am folgenden 4. September 1928 wie geplant statt. Gemeinsam mit seiner Frau und dem Fahrer Kelting fuhr Warburg, wie er im Tagebuch der K.B.W. festhielt, im Wagen seines Bruders in das Strandbad Scharbeutz: »Mieken und ich mit Kelting nach Scharbeutz zu Einstein gefahren bei schönem (natürlich: ›relativ‹) Wetter.« Das Gespräch, an dem am Nachmittag auch Einsteins Schwester und »eine Frau Staude« teilnahmen, summierte Warburg mit den eingangs zitierten Worten: »Der Herbsthoren Füllhorn war über diese Stunden ausgeschüttet. 4 Stunden Fahrt. 4 Stunden Rede.«[108] Offenbar hat der erkenntnistheoretische Disput, der sich in der Villa Michahelles abspielte, Einstein, den Warburg als schwer herzleidend empfand, aus seiner kranksheitsbedingten Zurückhaltung gerissen (Abb. 23):

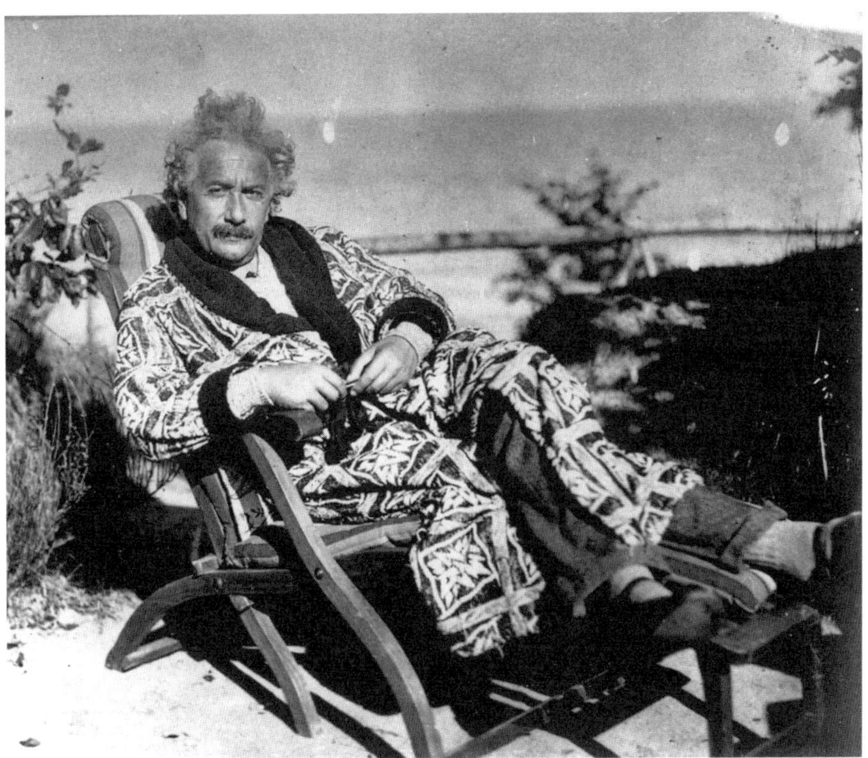

23 *Albert Einstein in Scharbeutz, 1928*

> Die einzige Enttäuschung war, daß er offenbar schwer herzleidend ist, sonst trug ihn eine jungenhafte Güte und er nahm meine Vorstellung (mit Photographien) (die wir an den Vorhang der Veranda anpinnten) wie eine freudige Überraschung auf: er hatte seinen höheren Spaß dran, in das Wesen der Astrologie Einblick zu gewinnen und sah auch die Ambivalenz der intensiven Prägewerte ein und gab ohne weiteres das Erstaunliche Faktum der Dauer der Ausdrucksprägewerte zu.[109]

Ausgestattet mit dem die *Summa* seines Forscherlebens darstellenden Instrument, versuchte Warburg Einstein anhand einiger Bilderreihen seines *Mnemosyne*-Atlas eine Vorlesung zu halten, um im Medium der Historisierung von Einsteins Kosmologie seine eigene Bildtheorie zu überprüfen. Schon der Umstand, dass Warburg einen Vorhang der Villa als überdimensionale Atlastafel nutzte, wirkt geradezu filmreif. Seine Demonstration war gleichermaßen eine mikrokosmische Variante der gleichzeitigen Bemühungen, eine Ausstellung zur Bildgeschichte der Kosmologie zu arrangieren.[110]

Wie wichtig es Warburg war, Einstein kinoartig ein Kapitel seines *Mnemosyne*-Projekts vorzuführen, wird aus demselben Brief deutlich, den er am folgenden Tag an seinen Bruder Max sandte:

> Ich hatte meine Photographien in 4 schweren Mappen mitgebracht, die wir dann an einer Gardine (nach meinem Verfahren hier) anpinnten. Es wäre mir unmöglich gewesen, mit diesen Mappen, besonders wenn die Treppen der Eisenbahnstationen hinzukommen, ohne atemberaubende Komplikation zu ihm zu kommen, wenn ich nicht Kelting gehabt hätte, der ganz prachtvoll fuhr.[111]

Die sowohl anrührende wie grandiose Szene versetzte Einstein in der Wahrnehmung Warburgs in die Situation eines Schülers, der gerade in Bezug auf die Bildwelten der Astrologie einen »höheren Spaß« entwickelt zu haben scheint. Auch in dem umgehend verfassten Bericht an Max erachtete Warburg den ersten Zweck seines Besuches, Einstein den »mythisch-bildhaften Urgrund seiner Denkweise« zu zeigen, als überaus erfüllt:

Der erste Teil meiner Absicht ist nun gestern, am 4. Sept[ember], vollkommen geglückt. Die einzige Enttäuschung war, daß ich einen schwer herzleidenden Mann vorfand, der aber sich selbst sofort in absoluter Gewalt hatte, als ihn meine Auseinandersetzungen zu interessieren begannen, was nach wenigen Minuten eintrat. Es war wunderbar zu erfahren, wie ruhig und offen er jede Einzelheit, die ihm aus einem Gebiet mitgeteilt wurde, das ihm absolut neu war, nachprüfend erwog und dann in einem Tempo mitging, das einen nicht ermüden ließ.[112]

Die Folgen der Fotografien, die Warburg in Einsteins Urlaubsvilla an Gardinen aufhängte, sind anhand der überlieferten Varianten des Atlas weitgehend zu rekonstruieren. Um diesen endlich zu einem Abschluss zu bringen, brach er kurz nach dem Besuch in Scharbeutz zusammen mit Gertrud Bing zu einer anfänglich auf sechs bis acht Wochen veranschlagten Reise nach Italien auf. Die dem Sammeln weiterer Materialien geltende Reise dauerte schließlich ganze neun Monate; es sollte Warburgs letzte werden.[113] Als Vorbereitung arbeitete er im Juli und August 1928 intensiv an der als »vorletzte« bekannt gewordenen Fassung des Bilderatlas. Das Ergebnis ließ er fotografieren. Da er den Ordner mit diesen Fotografien auf den 2. September datierte,[114] ist davon auszugehen, dass dieser Entwurf (dessen Dokumentation ihm in Italien als Gedächtnisstütze dienen sollte) auch die Bildmaterialien enthielt, die er in den »4 schweren Mappen« mit nach Scharbeutz nahm. Er wird sicherlich die Bilder der als »kosmologisch« zu bezeichnenden Tafeln bei sich gehabt haben. Zentral war dabei das Material der allerersten, mit »1« bezeichneten Tafel dieser Serie. Allein schon deren Position zeigt den Stellenwert der auf dieser Tafel angelegten Bildkonstellation für Warburg an.

Die Tafel »1« der vorletzten Serie stellt eine Art theoretische Einleitung des Projekts dar. Das Arrangement von fünf Bildern bezieht sich direkt oder indirekt auf die Werke Johannes Keplers (Abb. 24). Oben links ist ein Blatt aus dem süddeutschen Hausbuch des Meisters Joseph von 1475 (Cod. Md. 2, fol. 269r, Universitätsbibliothek Tübingen) fixiert. Es ist das Blatt, das Saxl in seinem Brief aus Kues als »Tübinger Marskinderblatt« bezeichnet. Der von Kepler schließlich überlistete Mars erscheint als Ritter in einer Aureole zwischen den ihm zugehörigen Tierkreiszeichen Waage und Jungfrau. Unter seinen »Kindern« befindet sich

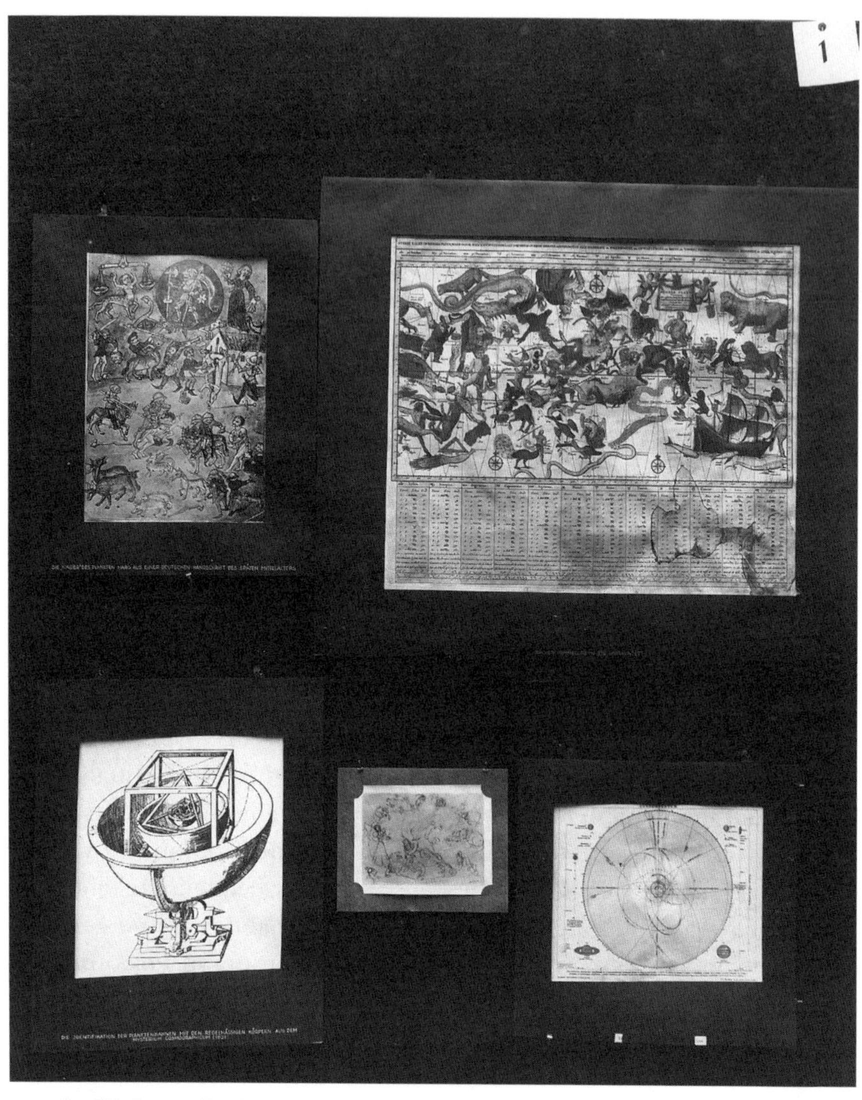

24 *Aby Warburg: Tafel »1«, vorletzte Fassung des Bilderatlas »Mnemosyne«, September 1928*

hier auch das Sternzeichen des Perseus mit dem Medusenhaupt. Dies war für Warburg ein Indiz dafür, dass das Blatt auf die orientalische Tradition rekurriert, in der Mars mit dem abgeschlagenen Haupt der Medusa dargestellt wird. Es zeigt aber auch die für Ferrara angenommene Konstellation, dass Perseus im Sternbild des Widders unter der

Herrschaft des Mars aufgeht. Beherrscht wird die gesamte Tafel jedoch rechts neben dem Marsblatt von Remmet Teunisse Backers *Hemels Pleyn* von 1709, der die Sternkonstellationen der beiden Hemisphären als jene lebendigen Wesen mit den zwölf Tierkreiszeichen im Zentrum zeigt, die Warburg »Umfangsbestimmung« nannte. Unter der Hausbuchseite steht die Illustration aus Keplers *Mysterium Cosmographicum I* von 1596 (nach der Ausgabe von 1621), die das erwähnte Modell des Sonnensystems mit den Bahnen der seinerzeit bekannten Planeten wiedergibt, eingeschrieben in die Form der fünf regelmäßigen, sogenannten »platonischen« Polyeder. Mit dieser Darstellung dokumentiert Warburg Keplers ersten Versuch, den er einmal als »Arbeitshypothese« bezeichnete, das Sonnensystem mathematisch-physikalisch korrekt zu erfassen.[115]

Das von Warburg gewählte Pendant zu Keplers frühem Modell ist ein modernes Schema des Sonnensystems, herausgetrennt aus der 14. Auflage von Brockhaus' *Konversations-Lexikon* von 1908. Es steht in der rechten unteren Ecke der Tafel als Sinnbild für den damals aktuellen Stand der astronomischen Forschung, die mit Kepler eingesetzt hatte. Zwischen diese beiden Darstellungen des Sonnensystems stellte Warburg ein humoristisches Blatt des Karikaturisten Adolf Oberländer (1845–1923): die Darstellung eines Veterinärs, der kranke Tiere behandelt, mit einem Titel, der mit den Worten »Tierkreisarzt« und »Kreistierarzt« spielt.

Thema der Tafel ist der Wandel der Vorstellung vom Kosmos. Die Reihe reicht von der Projektion von Mythen an den gestirnten Himmel über die Verselbstständigung dieser Bilderwelt in die »Schicksalshieroglyphen« des Mars und seiner Kinder und deren Verwissenschaftlichung bis zur Karikatur des Sternglaubens in der Gegenwart. Mars war, wie Warburg bereits in seinem Gedächtnisvortrag für Franz Boll beschrieben hatte, der Planet, dessen Bahn Kepler nach der Idee des vollkommenen Kreises schließlich korrekt berechnet hatte:

> Trotzdem spricht er [Kepler, Verf.] vom Planeten Mars wie ein alter Heidenpriester, dessen Nachzügler wir ja in der illustrierten Planetenhandschrift aus Tübingen vor uns sehen: »Lange hat Mars den Bemühungen der Astronomen standgehalten, jedoch der treffliche Heerführer Tycho hat in 20jährigen Nachtwachen alle seine Kriegslisten erforscht und aufgezeichnet. Dadurch ermutigt, habe ich, Kepler, es

unternommen, die Stellen, wo sich Mars befindet, mit Tychonischen Werkzeugen genau zu erforschen und mit Hilfe der Mutter Erde umging ich alle seine Krümmungen. Mars hat endlich meine Herzhaftigkeit eingesehen, die Feindschaft aufgegeben und sich treu gezeigt.[116]

So aufwendig Warburg seine Aufnahmen inszeniert und erläutert haben mag, erwies es sich doch als schwierig, Einstein die Komplexität seines Bildes von Kepler nahezubringen. Im Tagebuch der Bibliothek ist festgehalten, dass die Diskussion nicht ohne Kontroverse blieb. Bei den Ausführungen zu Kepler insistierte Einstein auf der Mathematik der Berechnung der Mars-Umlaufbahnen, die Warburg überforderte:

> Bei Kepler nickte er in sich hinein und erklärte mir die Entdeckung der Erdbahn durch Mars als seine Höchstleistung (Verstand zu wenig).[117]

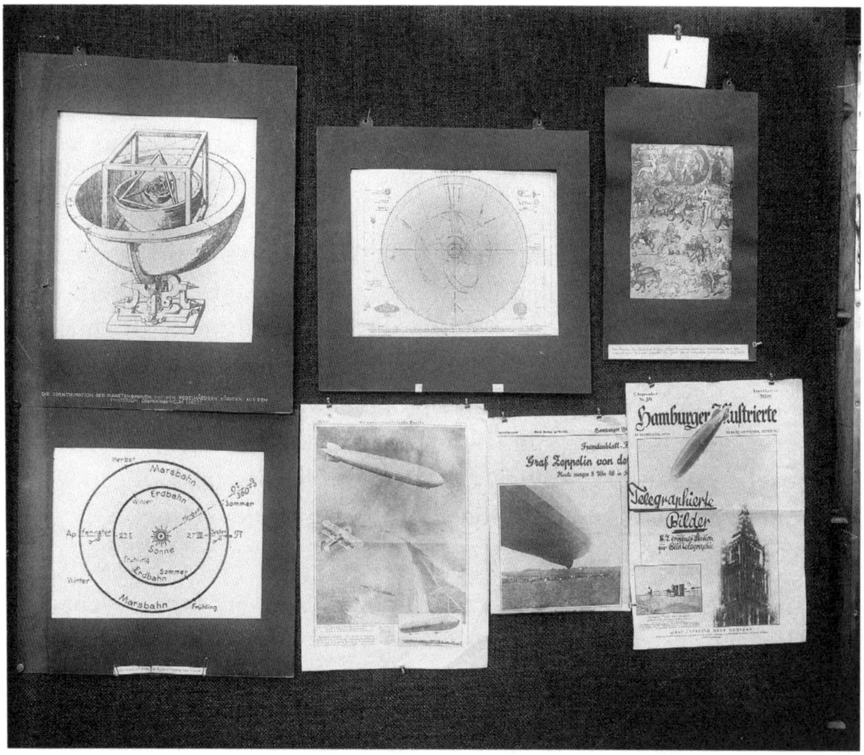

25 *Aby Warburg: Tafel »C« der letzten Fassung des Bilderatlas »Mnemosyne«, Oktober 1929*

Dies war offensichtlich der neuralgische Punkt der Unterredung. Einstein bezog sich auf die Mathematik Keplers, Warburg dagegen auf dessen Bipolarität von Astrologie und Astronomie, deren Überwindung ihn zu einer »weithin lodernden Aufklärungsfackel« machte.[118]

Möglicherweise hat Warburg bei seiner Präsentation eine vereinfachende Rekonstruktionsskizze der keplerschen Berechnung der Marsbahn gezeigt, die später auf Tafel »C« seines Bilderatlas erscheinen sollte (Abb. 25).[119] Diese Skizze hat keinerlei Ähnlichkeit mit den von Kepler in seiner *Astronomia Nova* publizierten Diagrammen und ist insofern unkorrekt, als sie nicht berücksichtigt, dass die Erde und der Mars auf verschiedenen Ebenen liegen. Zudem enthält das Blatt aber auch Informationen, die über Keplers Wissen hinausreichen.[120]

5. *Einsteins Zeichnung der Planetenbahn Keplers*

→ S. 94 Hier hat Einstein offenbar eingehakt. Seine erklärenden Ausführungen illustrierte er wohl mit jener eigenhändigen Zeichnung (Abb. 4, S. 10), die Warburg, wie eingangs erwähnt, mit dem Kommentar versah: »V[on] A[lbert] Einstein / in Scharbeutz / gezeichnet / S[e]pt[ember] [19]28 / W[arburg].« (Abb. 26). Da Schrift und Zeichnung Merkmale desselben schwarzen Buntstifts zeigen, der bei schwachem Aufdruck dünne Linien zieht, bei stärkerer Belastung aber breiter wird und im selben Zug von einem porösen Dunkel in ein tiefes Schwarz übergeht, haben Einstein und Warburg offenkundig dasselbe Schreibgerät benutzt. Um den Eindruck von Beflissenheit zu vermeiden, der möglicherweise eingetreten wäre, wenn Warburg das Blatt noch in Einsteins Gegenwart beschriftet hätte, ist zu vermuten, dass er seine Bemerkung erst nach der Rückkehr, entweder unmittelbar am selben Tag oder einen Tag später, als er seinen Besuch im Tagebuch der K. B. W. festhielt, eingetragen hat. Dass die Zeichnung Einsteins und die Schrift Warburgs in unmittelbarer Beziehung zueinander stehen, wird in der Differenz gegenüber der rechts oben sichtbaren Zahl deutlich, die mit einem kompakteren Stift ausgeführt wurde. Wahrscheinlich hat Warburg Einstein seinen Stift gereicht, als dieser seine Argumentation graphisch zu verdeutlichen wünschte.

Die Zeichnung wird von einer Ellipse bestimmt, auf die drei X-Zeichen notiert sind (Abb. 27). Von einem auf der horizontalen Achse eingetragenen Punkt aus geht eine Linie nach rechts. Der Schnittpunkt mit der Ellipse ist mit einem verschnörkelten »E« bezeichnet, und weiter außen ist ein als »M« definierter Punkt schwarz markiert. Bis zu dieser Markierung ist die Linie relativ breit, teils mehrfach ansetzend, gezogen, während sie jenseits des M als dünner Strich fortgeführt wird. Eine Pfeilspitze zeigt als Vektorzeichen an, dass die von links nach rechts verlaufende Linie als Fortsetzung zu denken ist.

Von links unten kommend, geht ein zweiter, dünnerer Strich durch den mittleren Punkt, um sich, gegen Ende ebenfalls mit einem Vektorzeichen versehen, über die Ellipse hinaus nach rechts oben bis zum Blattrand fortzusetzen. Vom Kreuzpunkt mit der Ellipse aus zieht sich eine Linie durch den Punkt M nach rechts unten, so dass zwischen dem Ausgangspunkt, dem Schnittpunkt mit der Ellipse und dem Punkt

M ein Dreieck entsteht. Der zwischen diesen beiden Linien sich ergebende weite Winkel von ca. 115° ist ebenso eingetragen wie der spitze Winkel von ca. 35°, der sich am Ausgangspunkt der beiden nach außen gehenden Linien ergibt. Der dritte, vom Punkt M ausgehende, nicht eingetragene Winkel beträgt folglich ca. 30°.

Der dunkle Ausgangspunkt der Linien ist unschwer als Sonne zu erkennen, von der zwei als Vektoren bezeichnete Strahlen nach außen gehen. Die Ellipse symbolisiert offenkundig die Umlaufbahn eines ihrer Planeten. Dieser Umstand wird durch ein unscheinbares, nur beim zweiten Hinsehen auszumachendes Detail deutlich: Über dem am linken Rand der Ellipse eingetragenen Zeichen des X zeigt sich ein winziges Rund (Abb. 27a). In Form dieser Kugel ist das Diagramm hier in die mimetische Darstellung eines Planeten umgeschlagen.

Ein weiteres, zunächst nicht ins Auge springendes Detail im Umkreis der Sonne bezeugt das hier entwickelte Problem. Seine Distanz zum links außen eingetragenen Planeten beträgt ca. 3,15 Zentimeter, während der Abstand zum Punkt E ca. 2,4 Zentimeter misst. Die Sonne ist daher um ca. 3,25 Millimeter nach rechts gerückt. Links neben ihr hat der Stift vierfach aufgesetzt, um weitere, hypothetische Standorte zu notieren (Abb. 27b). Mit diesen Punkten hat Einstein das Problem markiert, um dessen Lösung Kepler Jahrzehnte gerungen hat. Im Kreuzpunkt zwischen der Horizontal- und einer hypothetischen Vertikallinie ist ein Mittelpunkt vorzustellen, um den die Kreisbahnen der kopernikanischen Planetenläufe mit unverändertem Radius gehen müssten (Abb. 28). Die vier durch die drei X sowie das E markierten Punkte aber erlauben diese Kreisbahnen nicht, weil sie auf unterschiedlichen Kreisbahnen liegen. Jene vier Punkte, die links von dem schwarz eingetragenen Ort der Sonne zu sehen sind, deuten die Versuche an, einen Punkt zu finden, von dem aus alle vier Positionen eingenommen werden konnten. Als Resultat ergab sich der exzentrische Standort der Sonne, um den sich die Ellipse mit den

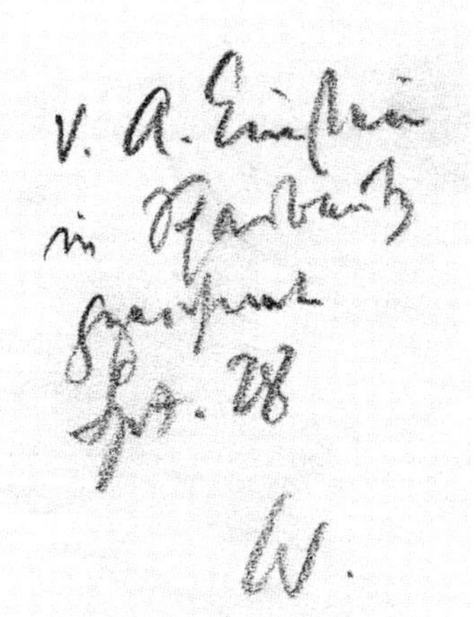

26 *Warburgs Beschriftung der Skizze Albert Einsteins*

→ S. 94

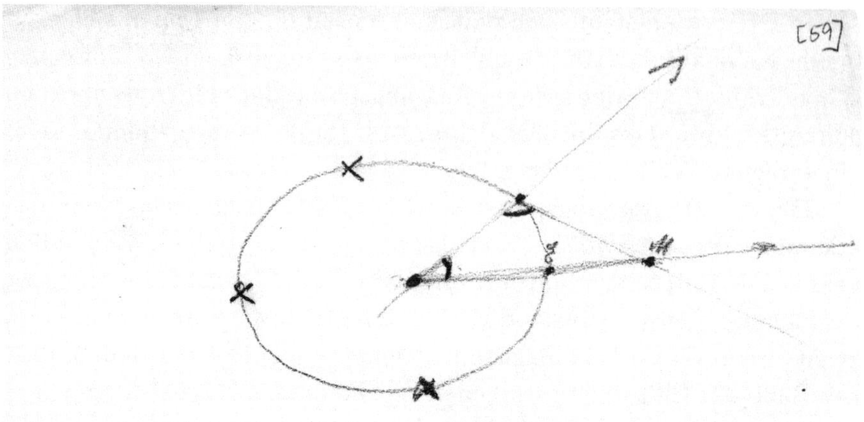

27 *Albert Einstein: Skizze zur Erläuterung der Berechnung der Umlaufbahn des Mars*

vier Umlaufetappen des Planeten spannt. Das Tentative von Keplers Verwandlung der Kreis- in Ellipsenbahnen ist in diesem Detail eingefangen.

Theoretisch könnte Einstein seine Ellipsenbahn auf jeden Planeten bezogen haben, aber die Buchstaben E und M verdeutlichen, dass es sich bei den von ihnen bezeichneten Punkten um die Erde und den Mars handelt. Für diese Lesart spricht auch der im Tagebuch der K.B.W. von Warburg festgehaltene Hinweis auf die Entdeckung der Erdbahn durch Mars als Keplers Höchstleistung.[121]

Die eingetragenen Linien zeichnen die Abfolge der Berechnungsoperationen nach, die in den Kapiteln 22–26 des dritten Teils von Keplers *Astronomia Nova* entwickelt sind.[122] Die Basis wird von der Horizontallinie gebildet, die den Moment der Opposition fixiert, in dem sich Sonne, Erde und Mars, auf einer Linie liegend, gegenüberstehen. Vom Mars aus gesehen befindet sich die Erde in einem solchen Fall vor der Sonne, so dass sie eine partielle Sonnenfinsternis erzeugt. Diese Situation tritt selten ein, da Mars und Erde die Sonne nicht in derselben Ebene umkreisen.

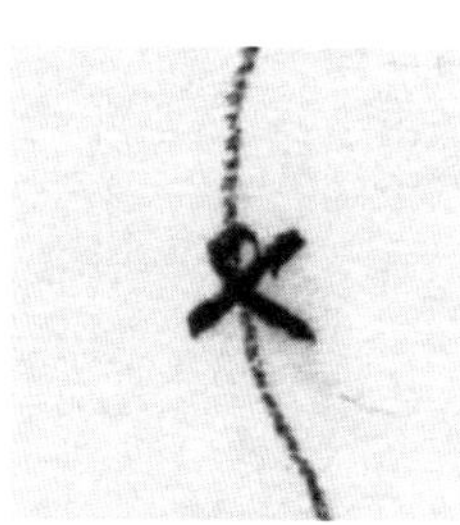

27a *Ausschnitt aus Abb. 27*

Die weiteren vier auf der Erdbahn eingetragenen Punkte zeigen jene Positionen der Erde, die sich jeweils ergeben, wenn der Mars auf denselben Punkt nach einem weiteren Marsjahr zurückkehrt. Die Daten Tycho Brahes lieferten Kepler sowohl den Winkel, in dem die Sonne stand, wie auch den zweiten Winkelschenkel, der aus der Position des Mars gegenüber den Fixsternen berechnet werden konnte. Der Schnittpunkt ergab eine Position der Erde. Indem er dieselbe Stellung des Mars nutzte, um bei anderen Positionen der Erde sowohl den Winkel gegenüber der Sonne wie auch den gegenüber dem Mars zu berechnen und damit deren Position neu festzulegen, wurde der Mars gleichsam zum Beobachter der Erde.[123]

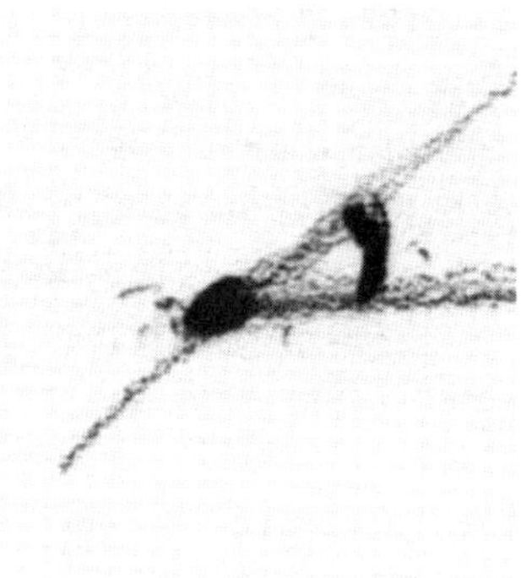

27b *Ausschnitt aus Abb. 27*

Augenscheinlich hat Einstein diesen Sprung des Standorts als Keplers wahre Leistung zu verdeutlichen versucht. Ihn hat offenbar nachhaltig beeindruckt, wie Kepler im Sinne eines Gedankenexperiments, für das er die Zahlenkolonnen der Himmelsbeobachtungen Tycho Brahes wie auch seiner eigenen Erkundungen nutzte, durch den Umweg über den Mars auf die Erde rückgeschlossen hat.

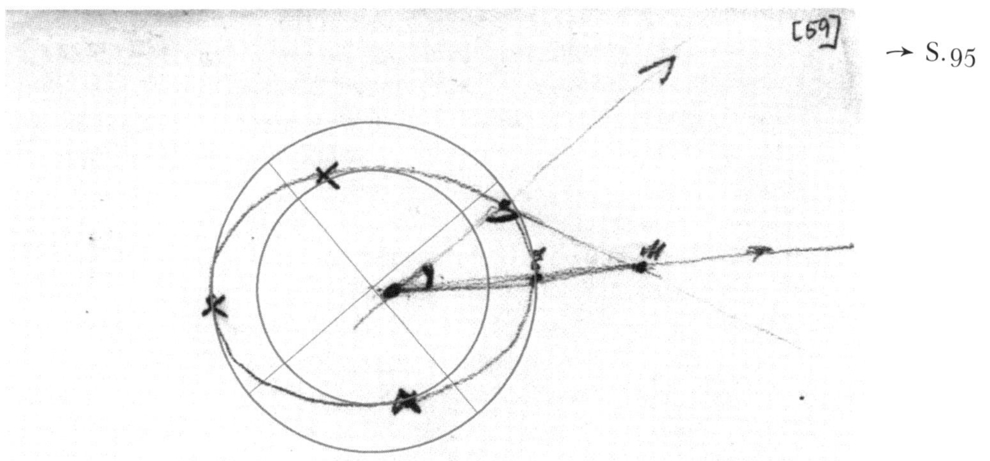

→ S. 95

28 *Skizze Albert Einsteins mit eingezeichnetem Mittelpunkt und Kreisbahnen*

6. *Die Zeichnung als Trennscheibe*

Einsteins Zeichnung ist das Dokument eines Versuchs, mittels der Graphik allein jene euklidische Vernunft gelten zu lassen, die Warburg als mit der Magie verquickt erkannt hatte.

Der Umstand, dass sich Warburg und Einstein über Kepler nicht verständigen konnten, betraf nicht nur den Kern von Warburgs Theorie, sondern auch seiner Persönlichkeit. So sehr er das Gespräch mit »der Herbsthoren Füllhorn«, also der jahreszeitlichen Metapher der Ernte verband,[124] so enttäuschend muss für ihn Einsteins Weigerung gewesen sein, die »aesthetischen Prägewerte« von Keplers Kosmologie zu erkennen.

Dass dies ein Stachel war, erwähnt Warburg in einem am folgenden Tag an Fritz Saxl gerichteten Brief. Sein Schreiben verdeutlicht zunächst, dass sein Besuch bei Einstein auch ein Test der Wirkungen war, welche die vorgesehene Ausstellung kosmologischer Bilderreihen haben sollte. Die Aufgaben, die Warburg seinem Bibliothekar Saxl für die Zeit nach seiner Abreise nach Italien aufträgt, enden mit einem Hinweis auf das Ausstellungsprojekt, mit dem er zu seinem Einstein-Besuch überleitet:

> 3. Durchsicht des Materials für die Ausstellung in Berlin oder im Stadtpark-Turm.
> Zu dieser möchte ich bemerken: daß der Staat uns erfreulicherweise das größte Entgegenkommen zeigen wird und wir jedenfalls Gelegenheit haben werden, unendlich viel besser als bei anderen Planetarien die beleuchtenden Kräfte unserer zusammengetragenen Bilderreihen unmittelbar zu erweisen. Wie einfach und durchschlagend die Wirkung sein kann, habe ich gestern an einem köstlichen Beispiel erlebt: Ich hatte mir ja längst vorgenommen, Einstein einmal einen Blick in den Urboden seiner kosmologischen Mathematik zu gewähren, soweit unsere Mittel es erlauben. Ich fuhr gestern mit meiner Frau nach Scharbeutz und fand einen geradezu heroisch kindlichen Mann, der tatsächlich von diesem Mutterboden der Bildhaftigkeit und der denkraumformierenden Magie nichts wußte und der trotz seines schwerleidenden Zustandes (Herz) gespannt wie ein Schuljunge im Kino meinen Bildern folgte und unter steten unerbittlichen Nachfragen die Stichhaltigkeit meiner Schlüsse prüfte. Nur bei Kepler und der Ellipse habe ich, glaube ich, nicht gut bestanden; sonst war er mit mir zufrieden.[125]

Auch dieser Brief verdeutlicht, dass Warburg den Physiker Einstein, indem er ihm einen Einblick in die Essenz seiner Kulturtheorie »gewährte«, keinesfalls als ein vom Himmel gefallenes Genie betrachtete, sondern dass er in ihm gleichsam eine Boje sah, deren abgründige Verankerung er wie niemand zuvor ausgelotet hatte. Dass Warburg in einer Doppelfunktion als Prüfling wie auch als Unterrichtender kam, spiegelt sich in der reziproken Reaktion Einsteins, der in Warburgs Wahrnehmung »gespannt wie ein Schuljunge im Kino« dessen Ausführungen folgte und diese seinerseits »unerbittlich« prüfte.

Dass sich Einstein und Warburg bei aller Übereinstimmung über Kepler nicht einigen konnten, verweist auf ein grundsätzliches Problem. Für Warburg war Einstein ein neuer Kepler, der mit seiner Theorie des vierdimensional gekrümmten Raum-Zeit-Kontinuums einen zweiten Schritt getan hatte, um sich von der Fixierung auf bildhaft metaphorische Kosmosmodelle zu lösen, ohne diese so weit verabschieden zu können, dass sie nicht nur als »Urboden«, sondern auch in ihren aktuellen Formen sichtbar geblieben wären. Jene doppelpolige Verortung, der Warburg Kepler unterzogen hatte, suchte er offenbar auch auf *Kepler recreatus* anzuwenden. Kaum anders ist sein Anliegen zu verstehen, mit Einstein die Geschichte bildlicher Kosmologien zu diskutieren, um ebenjenen Urboden von dessen eigener Mathematik aufzuspüren.

Es verwundert nicht, dass Einstein gegenüber Warburgs Kepler-Deutung reserviert blieb. In seinem Dankesschreiben vom 10. September kam er nach anerkennenden Worten auf diese zurück:

> Sehr geehrter Herr Prof. Warburg!
>
> Es war mir eine große Freude, in Ihr emsiges Streben einen so tiefen Blick tun zu dürfen und dabei noch Sie und Ihre Frau persönlich kennenzulernen. Besonders interessant war es für mich zu sehen, wie geringen Aufwandes es bedarf, um die glaubenshungrige Menschheit an der Nase herumzuführen. Besonders drollig ist, daß die Planeten ohne Gewissensbisse ins bürgerliche Jahr hineingehängt wurden unter gänzlicher Verleugnung ihres Vagabundendaseins. Das mag zu Zeiten Keplers doch noch anders gehandhabt worden sein, da dieser sich wohl geschämt hätte, sich sein Futter durch ein so plumpes Spiel zu verdienen. Heute war übrigends [sic] eine scharfäugige, weissagende

Zigeunerin bei uns; die brauchte keine Astrologie, sondern sah sich ihre Leutchen an und wußte mehr, als sie zu sagen gesonnen war.

Mit herzlichem Dank für Ihren und Ihrer Frau Besuch sowie für die interessanten Druckwerke bin ich Ihr ergebener A. Einstein.[126]

Einsteins Reaktion offenbart, wie es Warburg gelungen war, Einstein zu vermitteln, dass Keplers Ringen mit der okkulten Naturphilosophie nicht mit dem landläufigen Begriff der Astrologie verwechselt werden sollte. Möglich ist auch, dass Einstein nicht geheuer war, wie sehr sich Warburg mit Keplers Zwiespalt identifizierte. Vor allem aber wird er gespürt haben, dass Warburg ihn selbst in denselben Rahmen hatte spannen wollen, in den er Kepler als einen verehrungswürdigen Problemfall gesetzt hatte.

Nach Eintreffen des Briefes hielt Warburg den das Gespräch betreffenden Passus im Tagebuch der K.B.W. fest, die Bemerkung zur Zigeunerin aber ließ er fort. Möglicherweise war ihm peinlich, dass Einstein durch diesen Hinweis Warburgs erkenntnistheoretischen Zugang zur Astrologie auf die Ebene des Aberglaubens herabgesetzt hatte. Nach Einsteins Bemerkung, dass sich Kepler »wohl geschämt hätte, sich sein Futter durch ein so plumpes Spiel [wie die Astrologie, Verf.] zu verdienen«, beharrte er denn auch mit einem geradezu trotzigen »doch so!« auf seiner Position.[127]

In ihrem Kommentar zu Warburgs Tagebucheintrag vermutet Gertrud Bing, es sei die Eindimensionalität der sich in stetigem Aufstieg wähnenden Naturwissenschaften gewesen, welche Einstein die Denkhemmung auferlegt habe, über Kepler den Wert von Warburgs bildsymbolischen »Prägewerten« zu erfassen: »Diese Verkennung der Sachlage war mir auch aufgefallen: Optimismus der exakten Wissenschaft. Dagegen siehe Warburg's Gesetz des größten Kraftmaßes.«[128] Später wandte sich auch Ernst Gombrich gegen Einsteins Äußerung, als er in seiner editorischen Bearbeitung des warburgschen Bilderatlas schrieb, dass Keplers astrologische Tätigkeit »durchaus nicht nur dem Broterwerb diente«.[129]

In einem weiteren Brief an seinen Bruder Max hob Warburg gut zwei Wochen nach Erhalt von Einsteins Schreiben ungeachtet des Zwistes um Kepler allerdings die schon einmal betonten Übereinstimmungen hervor. Mit dem zeitlichen Abstand war der Konflikt um Keplers

Astrologie von der Genugtuung über Einsteins »große Freude« überlagert worden, mit Warburgs Überlegungen konfrontiert worden zu sein:

> Von Einstein hatte ich einen sehr reizenden Brief der zeigt, mit welcher Geradheit dieser große Mann die besondere Bedeutung meiner wissenschaftlichen Einstellung zu begreifen die Freundlichkeit hat.[130]

Natürlich berichtete Warburg auch Cassirer über den Besuch bei Einstein:

> Gestern habe ich uns nach einem arbeitsreichen, aber wirklich früchtetragenden Semester eine Extrafreude gemacht. Wir fuhren zu Einstein, dem ich schon längst einmal die Wucht der bildhaft astrischen Symbolik als Urschicht seiner eigenen Gedankenbildung hatte vorführen wollen. Ich wurde nun bei diesem bewundernswert einfältigen (im höchsten Sinne) Mann nicht nur mit der echten Bereitschaft für meine Fragestellung aufgenommen, die das Vorrecht solcher Genies ist, sondern er hatte auch wirklich seinen ehrlichen Spaß (im guten Sinne natürlich, wie die Hamburger sagen) an der dämonischen Sinnfälligkeit der Urahnenwelt der Ewigkeit erschließenden Zahlzeichen. Mary und ich fuhren 4 Stunden Auto und ich habe 3 1/2 Stunden geredet und es hat mir gar nichts ausgemacht; möge es ein gutes Zeichen für die italienische Reise sein.[131]

Auch in diesem Brief klingt der Zwiespalt an, in dem sich Warburg nach dem Besuch bei Einstein befand. Dessen Einwände gegenüber seiner Vorstellung von der Entdeckung der Ellipse hat er verschwiegen, aber er wird darauf vertraut haben, dass Cassirer, der die allgemeine Relativitätstheorie in beeindruckender Weise philosophisch fruchtbar gemacht hatte,[132] wusste, worauf Warburg abzielte, wenn er auf den »bewundernswert einfältigen« Gesprächspartner verwies.

7. *Kepler als »Übergangstype«*

Warburgs Konflikt mit Einstein liegt an seinem vertieften Interesse an einem Kepler, der als wichtigster Astronom seiner Zeit nachweislich sterngläubig war und Horoskope erstellte. Auch beeindruckte ihn, dass Kepler noch in seiner Arbeit über die Planetengesetze metaphorisch über seinen Kampf mit dem Planeten Mars spricht. An Kepler als einem »Typus« konnte Warburg daher sowohl seine kulturpsychologischen wie auch seine kulturhistorischen Ideen veranschaulichen, denn es ließ sich bei ihm ein Zusammentreffen des »mythischen« mit dem »mathematischen Denken« beobachten. Mythisches Denken bedeutete ein Wahrnehmen des Kosmos als beseelte Entität oder, wie Warburg in seinem Vortrag über das *Schlangenritual* schreibt, eine Wahrnehmung von Naturgewalten in »ihrem anthropomorphen oder biomorphen Umfang«,[133] mathematisches Denken dagegen vor allem nüchternes Rechnen.

Das Besondere an Warburgs kulturtheoretischen Überlegungen liegt darin, dass er die beiden Pole des »mythischen« und »mathematischen« Denkens einerseits individualpsychologisch als co-existierende Extreme in der potentiellen Schwingungsweite der menschlichen Psyche versteht, andererseits historisch als sukzessive Phasen in der Evolution des menschlichen Geistes. Deutlich wird diese Verknüpfung eines psychologischen mit einem historischen Ansatz in seiner 1929 vor dem Kuratorium der K.B.W. gehaltenen Rede über das Anliegen der von ihm gegründeten Institution. Dort erklärt Warburg zunächst: »Sie [die Kulturwissenschaftliche Bibliothek Warburg, Verf.] bedeutet in dem noch ungeschriebenen Handbuch der Selbsterziehung des Menschengeschlechts ein Kapitel, das den Titel haben könnte: ›Von der mythisch-fürchtenden zur wissenschaftlich-errechnenden Orientierung des Menschen sich selbst und dem Kosmos gegenüber‹«. Zwei Sätze später allerdings spricht Warburg nicht mehr über die Entwicklung von einer Form der Wahrnehmung zur nächsten, sondern vom »Pendelgang zwischen mythischer und wissenschaftlicher Auffassung im Spiegel künstlerischer Gestaltung«, den die K.B.W. »systematisch-historisch« verfolge.

Warburgs theoretische Überlegungen basieren auf zwei unterschiedlichen Ansätzen, deren Fusion von dem italienischen Evolutionstheoretiker Tito Vignoli (1829–1917) vorgedacht worden war.[134] Auch

Vignoli unterscheidet einerseits mythisches von abstraktem Denken, während er andererseits (wie auch Warburg später) behauptet, dass die Wissenschaft »im Mythus wurzelt«.[135] Historisch gesehen hing Warburg also der Evolutionstheorie an, psychologisch gesehen legte er ein von ihm selbst entwickeltes, von Aneignung zur Abstraktion reichendes Polaritätsmodell der Deutung sogenannter »Ausdrucksphänomene« zugrunde. Die Kombination dieser beiden Elemente hatte er schon nach dem Treffen mit Cassirer in Kreuzlingen verkürzend als »neue Methode der kulturpsychologischen Geschichtsauffassung« bezeichnet.

Diese kulturtheoretischen Überlegungen versuchte Warburg in seinem Atlas bildlich zu vermitteln. Auf der gegenüber der bereits erörterten Tafel »1« der vorletzten Fassung deutlich veränderten Tafel »C« der letzten Fassung vom Oktober 1929 versucht er, diese Verschmelzung von Kulturpsychologie und Kulturgeschichte zum Ausdruck zu bringen (siehe Abb. 25, S. 66).[136] Keplers Errungenschaften stehen nach wie vor im Zentrum: Das Tübinger Hausbuch, bei dem Mars mit Bezug auf Kepler als Beispiel ausgewählt wurde,[137] Keplers Modell des Sonnensystems aus dem *Mysterium Cosmographicum* und das Schema aus Brockhaus' *Konversations-Lexikon* finden sich erneut auch hier. Den brackerschen *Hemels Pleyen* hat Warburg unter der Überschrift »Orientierung« – man sollte ergänzen »am Himmel« – inzwischen auf die erste der drei symbol-theoretischen Tafeln versetzt, die mit »A« bezeichnet ist; Oberländers Karikatur wurde herausgenommen. An dessen Stelle hat Warburg jene bereits erwähnte, möglicherweise für die kosmologische Ausstellung entworfene schematische Skizze eingefügt, deren Titel sie als »Die Marsbahn nach Beobachtungen von Kepler« bezeichnet. Mit den ersten vier Abbildungen der Tafel wollte Warburg noch einmal die von ihm rekonstruierten Entwicklungsschritte hin zu Keplers Berechnung der Ellipse skizzieren.

Neu hinzugekommen sind in dieser Version der Tafel drei Zeitungsausschnitte von 1929, die das Luftschiff *Graf Zeppelin* zeigen. Seit 1928 hatte sich Warburg für den Luftfahrtpionier, den mit Ferdinand Graf von Zeppelin (1838–1917) befreundeten Hugo Eckener (1868–1954) interessiert, der 1924 erstmals auf dem Luftweg den Atlantik überquert hatte. Die Zeitungsausschnitte dokumentieren Eckeners sogenannte »Weltfahrt« im Jahr 1929, insbesondere die Umschiffung eines

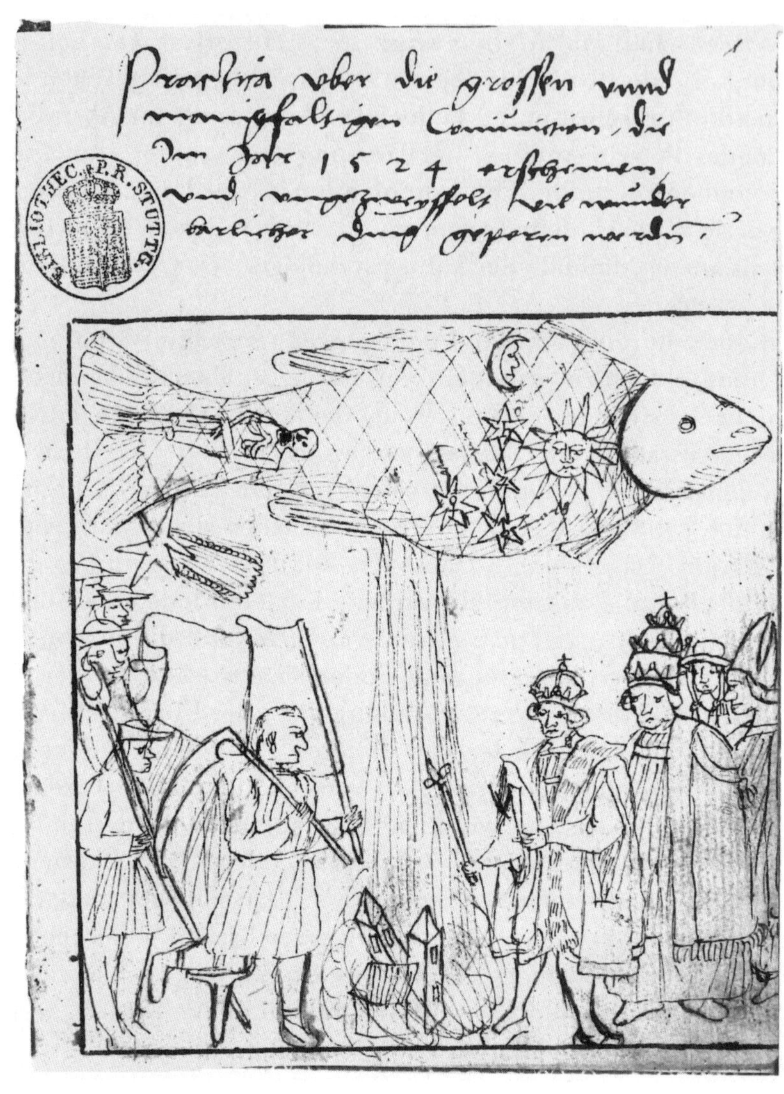

29 *Leonhard Reymann: »Practica« für 1524, Nürnberg 1523. Manuskript-Kopie des Titelblatts*

Gewitters durch Einsatz eines Thermometers auf der Reise nach Ostasien.[138] Eckener hatte für Warburg die Beherrschung des Raumes endgültig gemeistert. An den Kommentaren im *Tagebuch* der K.B.W. sieht man, dass er in dem Piloten einen unerschrockenen Helden und in dem Luftschiff ein widrigen Verhältnissen gewachsenes Fahrzeug sah. Die Ähnlichkeit des Zeppelins mit dem für Leonhard Reymanns *Practica* für das Jahr 1524 als Sintflutwarnung gezeichneten bestirnten großen Fisch (Abb. 29) offenbarte ihm sogar eine Analogie zwischen »Dämonenfurcht« als Symbol der Macht des Kosmos über das Individuum und »Wetterkunde« als Symbol der Bemächtigung der Gewalten des Kosmos durch das Individuum.[139] Der ideelle Bezug zu den Werken des Camillo Agrippa, die sich mit Nautik und Wetterkunde beschäftigt hatten, liegt hier nahe.[140] Einen Hinweis auf den von Warburg vermuteten Zusammenhang liefert wiederum der Boll-Vortrag, in dem er auf die Entwicklung der Luftschifffahrt aus der Nautik anspielt.[141] Dass ihm die Luftschifffahrt als Inbegriff der Herrschaft des Menschen über den Raum erschien, verdeutlichte er auch in einem Schreiben an seine Frau: »Jetzt versteht man den Sinn des Medaillensymbols [des Camillo Agrippa, Verf.]. Es setzt dem ›unbegreiflichen‹ Wind seine naturwissenschaftliche Ergründung dagegen, die den Daemon in Steuer und Segel grifflich oder greifbar und unterwerfbar macht« (siehe Abb. 13, S. 25). Und weiter heißt es: »Die Steuermannkunst ist wirklich der Prometheusakt in der Beherrschung des Raumes« und »der Steuermann« der »Pfadfinder« der neuen technologischen Weltanschauung.[142] Ähnlich hatte er bereits das Durchmessen des Raumes in einem anderen Bild der Mythologie, und zwar im Flug des Perseus sinnbildlich vorgeprägt gesehen.

Bei den Vorbereitungen für die im Hamburger Planetarium realisierte astrologische Ausstellung plante Warburg dementsprechend, »in ganz knapper Form« einige Gedanken zu formulieren, »die sich auf die innere Einheitlichkeit der mythologischen und technologischen Ursachensetzung beziehen«.[143] Erneut findet sich darin bestätigt, dass er in der klassischen Mythologie ideell eine Vorform von Psychologie und Technologie sowie überhaupt der Welterklärung sah. Mit den an Bildbeispielen aufgezeigten Bezügen suchte Warburg immer wieder das rationale Element im Mythos zu unterstreichen.

Schluss: Einsteins Kepler-Artikel von 1930

Wie eine reziproke Reaktion auf die Diskussion mit Warburg wirkt ein Manuskript von der Hand Einsteins, das im Einstein-Archiv der Hebrew University in Jerusalem überliefert ist (Abb. 30). Als der Text am 9. November 1930 auf der Titelseite der »Frankfurter Zeitung« erschien, war er neutral mit »Albert Einstein über Kepler« überschrieben (Abb. 31).[144] Mit lebhaften Worten erläutert Einstein, dass Kepler eine feststehende »Laterne« im Weltraum erdacht habe, von der aus die Bahn der Erde beobachtet werden könne.

Um seine komplexen Überlegungen zu verdeutlichen, verweist Einstein auf eine Zeichnung, die in der Zeitung jedoch nicht abgebildet wurde; dadurch hängt der Artikel eigenartig in der Luft. Aus der Beschreibung der Zeichnung geht hervor, dass sie jener Skizze entsprochen haben muss, die er in Scharbeutz für Warburg gezeichnet hatte. Werden die in Einsteins Artikel verwendeten Buchstaben S für die Sonne und E zusätzlich am oberen Punkt des Dreiecks für die Erde in seine Scharbeutzer Zeichnung eingetragen, so gibt diese exakt wieder, was er in dem Artikel beschreibt (Abb. 27, S. 70):

> Zunächst gibt es in jedem Jahr einen Zeitpunkt, in welchem die Erde E genau auf der Verbindungslinie zwischen der Sonne S und der Laterne M liegt. Visiert man in diesem Zeitpunkt von der Erde E aus nach der Laterne M, so ist diese Richtung zugleich die Verbindung S-M (Sonne Laterne). Letztere denke man sich am Himmelsgewölbe montiert. Nun denke man sich die Erde an einem anderen Orte und zu einer anderen Zeit. Da man von der Erde aus sowohl die Sonne S als auch die Laterne M sehen könnte, wäre im Dreieck S E M der Winkel bei E bekannt. Man hat aber auch durch direkte Sonnenbeobachtung

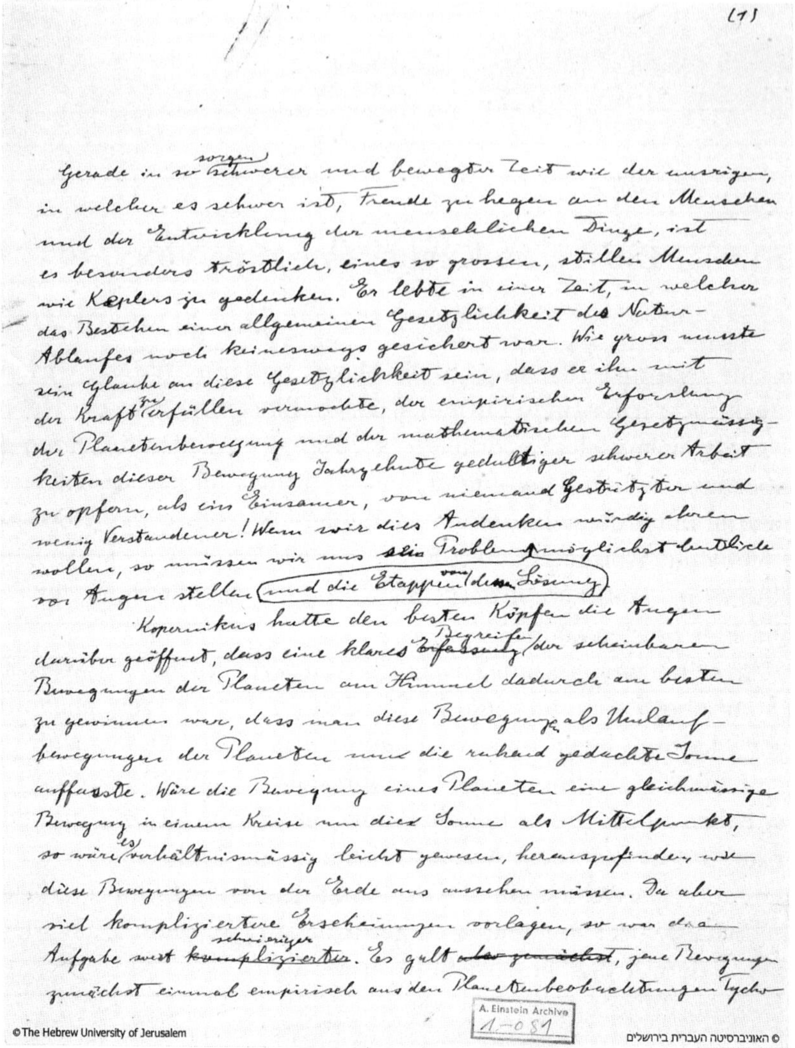

30 *Albert Einstein: Manuskript des Artikels über Kepler, 1930*

die Richtung S E gegenüber dem Fixsternhimmel, während früher ein für allemal die Richtung der Verbindungslinie S M gegenüber dem Fixsternhimmel ermittelt war. Man kann also von der auf einem Papier willkürlich angenommenen Standlinie S M aus vermöge der Kenntnis der beiden Winkel bei E und bei S das Dreieck S E M konstruieren. Diese Konstruktion könnte man oft während des Jahres machen und

> erhielte auf dem Zeichnungsblatt jedesmal einen Erdort E mit zugehörigem Zeitdatum in seiner Lage gegenüber der ein für allemal festgehaltenen Standlinie S M. Die Erdbahn wäre somit empirisch ermittelt, bis auf ihre absolute Größe, versteht sich.

Die Antwort auf die Frage, wie die im Himmel fixierte Laterne M bestimmt worden sei, ist für Einstein das »Genie« Keplers. Allein schon dessen Rechenoperationen seien der höchsten Bewunderung würdig; was aber zutiefst beeindrucke, sei der Umstand, dass aus den empirischen Daten die Lösung nicht unmittelbar, sondern erst in einem unermüdlichen Wechsel von Hypothesen und Überprüfungen entsprungen sei:

> Es scheint, daß die menschliche Vernunft die Formen erst selbständig konstruieren muß, ehe wir sie in den Dingen nachweisen können. Aus Keplers wunderbarem Lebenswerk erkennen wir besonders schön, daß aus bloßer Empirie allein die Erkenntnis nicht erblühen kann, sondern aus dem Vergleich des Gedachten mit dem Beobachteten.

Wenn Einstein Warburg »die Entdeckung der Erdbahn durch Mars« als Keplers »Höchstleistung« beschrieb, dann entsprach dies genau der Quintessenz seines Artikels, der Keplers Größe aus der Bipolarität von Empirie und Hypothesenbildung erklärte. Es ist nicht ausgeschlossen, dass Einstein in diesem Moment eine erneute Antwort auf Warburgs Fragen zumindest mitformuliert hat. Kaum ein Zeitgenosse konnte sich der Wirkung des eindringlich argumentierenden Warburg entziehen,[145] und dies muss umso mehr für ein dreieinhalbstündiges Gespräch gegolten haben, in dem dieser sein zentrales methodisches Problem darlegte. So kann Einsteins bipolare Bestimmung Keplers als Empiriker und Hypothesenbildner wohl als eine abgeschwächte Variante dessen erachtet werden, was Warburg ihm zu vermitteln versucht hatte. Allein schon ein solches Entgegenkommen, wenn es denn mit Blick auf den im Jahr zuvor verstorbenen Warburg geschehen sein sollte, wäre bemerkenswert.

Warburgs Sicht war gleichwohl eine andere geblieben. Für ihn war Kepler jener Geist, der sich durch die Mathematik aus den historischen Prägungen der anthropomorph gedachten Bilder als eine »weithin

Sonntag, 9. November 1930 15 Pfg. Erstes Morgenblatt 75. Jahrgang Nr. 837 Dreimalige Ausgabe

Frankfurter Zeitung

und Handelsblatt

Der deutsche Abrüstungsantrag in Genf.

Politische Tendenzen.

Regierung, Parteien und Nation.

Nationalsozialisten und Metallarbeiter.

Die Hochflutwelle der Oder.

Albert Einstein über Kepler.

Erinnerung an eine Pariser Straße.

31 *»Frankfurter Zeitung« vom 9. November 1930, Titelseite mit Artikel Einsteins über Kepler*

lodernde Aufklärungsfackel« gelöst,[146] auch diesen Sprung aber mit Hilfe der Antike vollzogen hatte. Die keplersche Ellipse mit ihren zwei Brennpunkten war für Warburg ein Symbol der anthropologischen Bedingtheit des Menschen, der die Magie nicht abschließend hinter sich zu lassen vermag, sondern ständige Anstrengungen unternehmen muss, um den Pol der Vernunft zu erreichen.

Farbtafeln

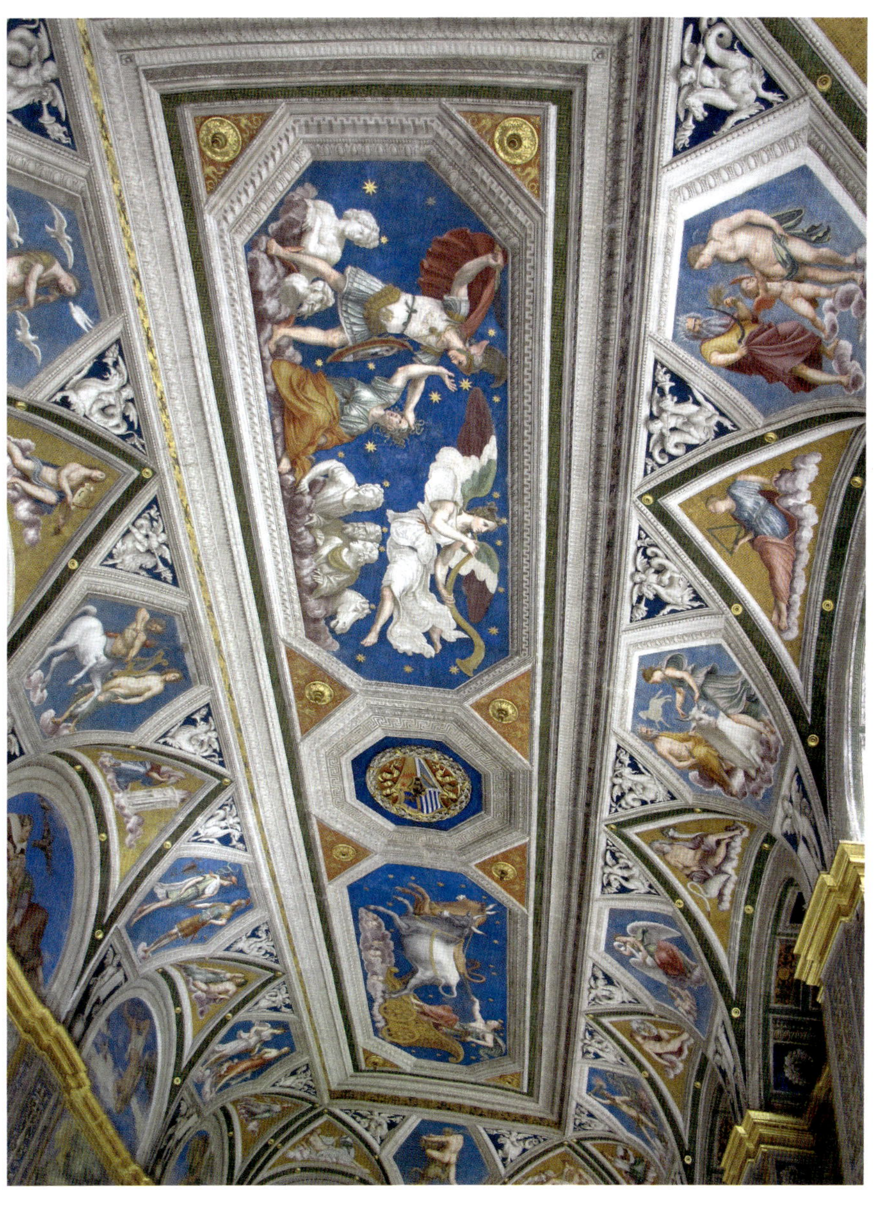

Baldassare Peruzzi: Geburtshoroskop des Agostino Chigi. Rom, Villa Farnesina, Sala di Galatea, 1510–1511

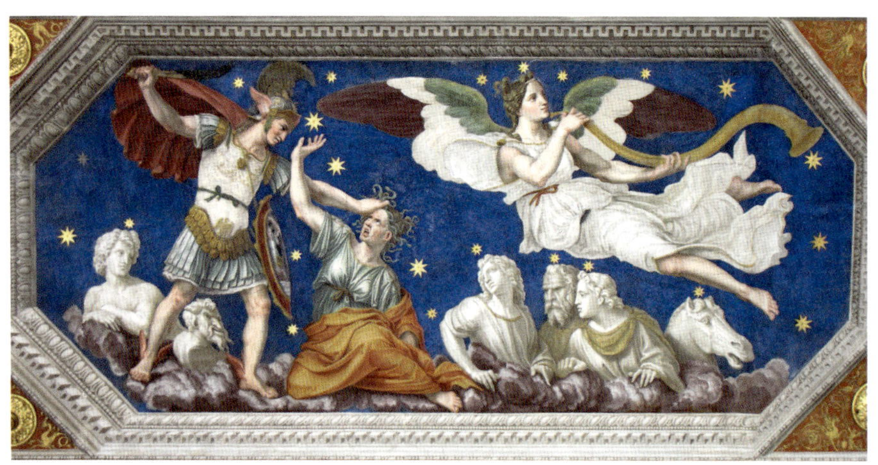

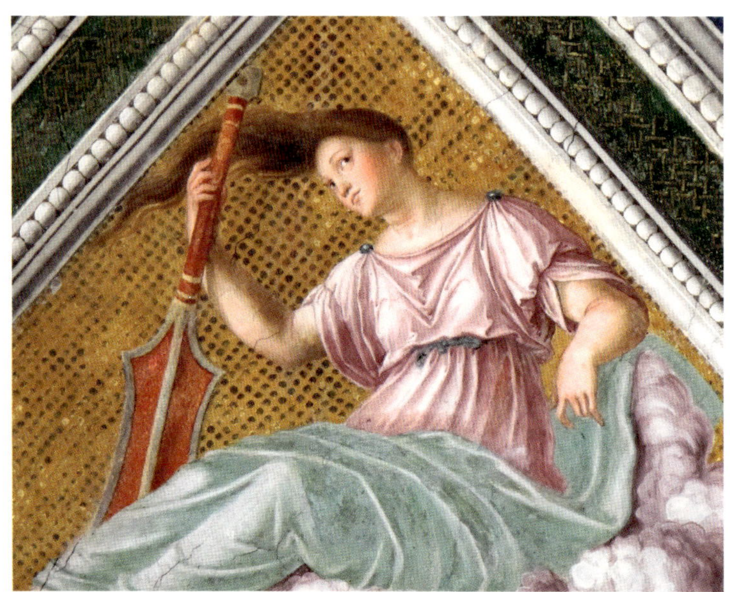

Baldassare Peruzzi: Perseus. Rom, Villa Farnesina, Sala di Galatea, 1510–1511
Baldassare Peruzzi: Fortuna (?). Rom, Villa Farnesina, Sala di Galatea, 1510–1511

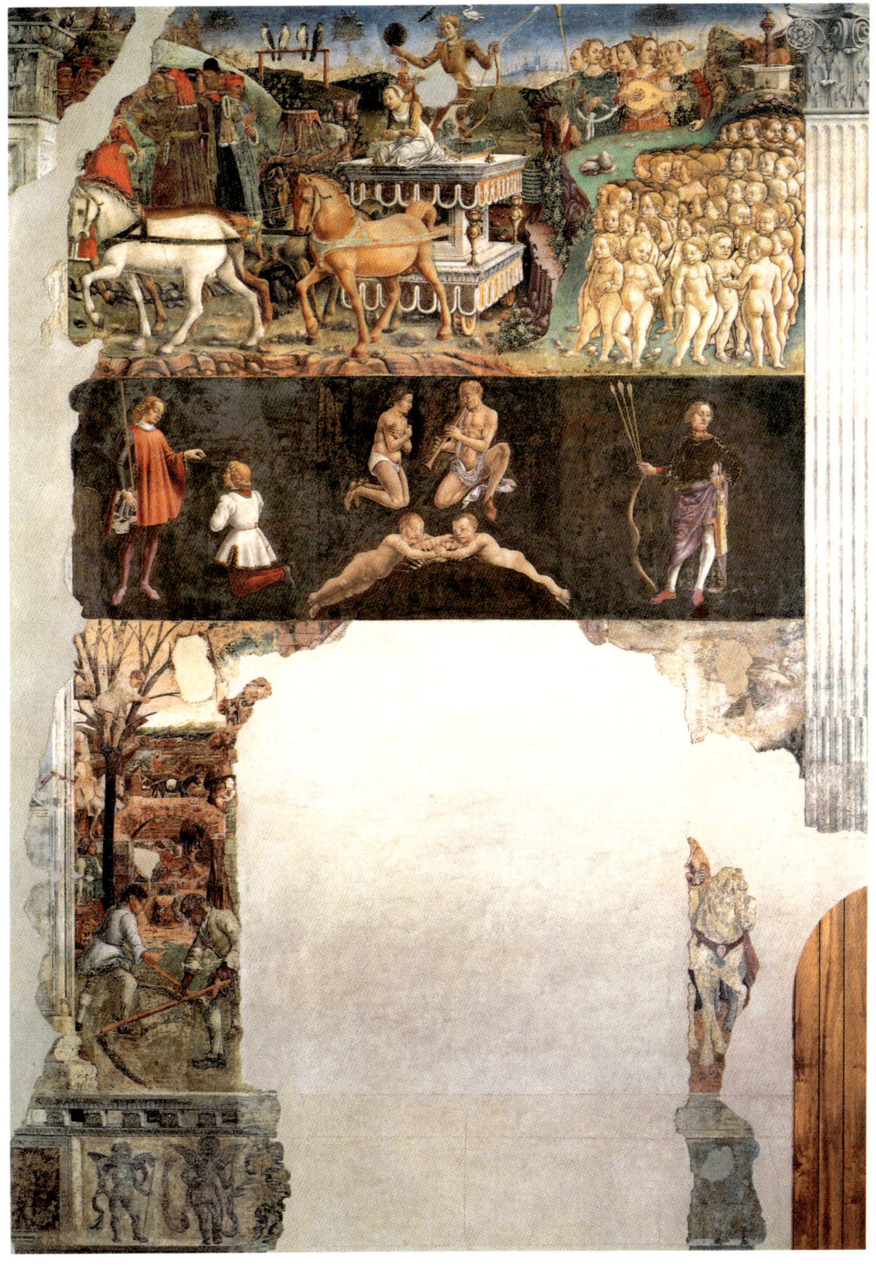

Francesco del Cossa: Maifresko. Triumph des Apoll. Ferrara, Palazzo Schifanoia, Sala dei Mesi, 1466–1470

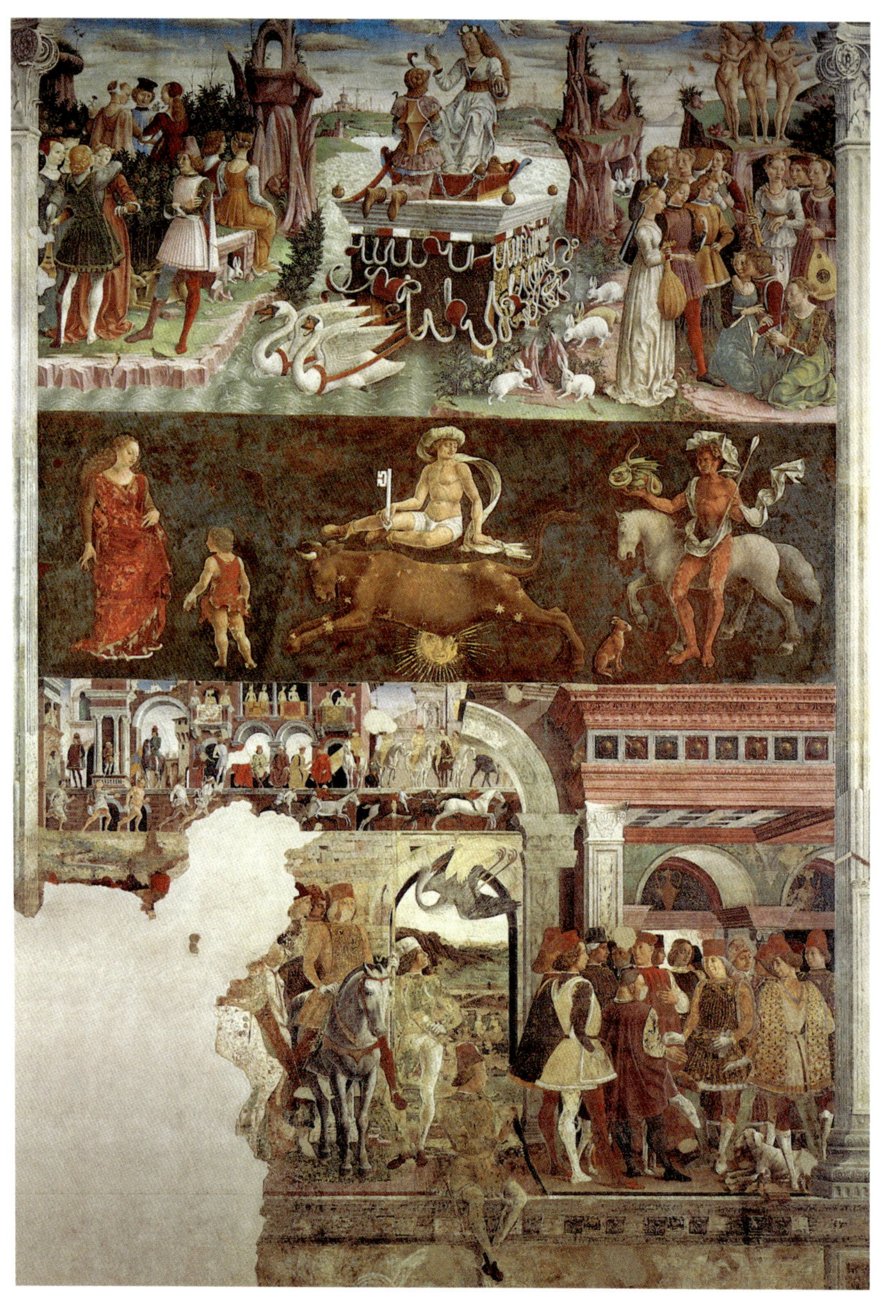

Francesco del Cossa: Aprilfresko. Triumph der Venus. Ferrara, Palazzo Schifanoia, Sala dei Mesi, 1466–1470

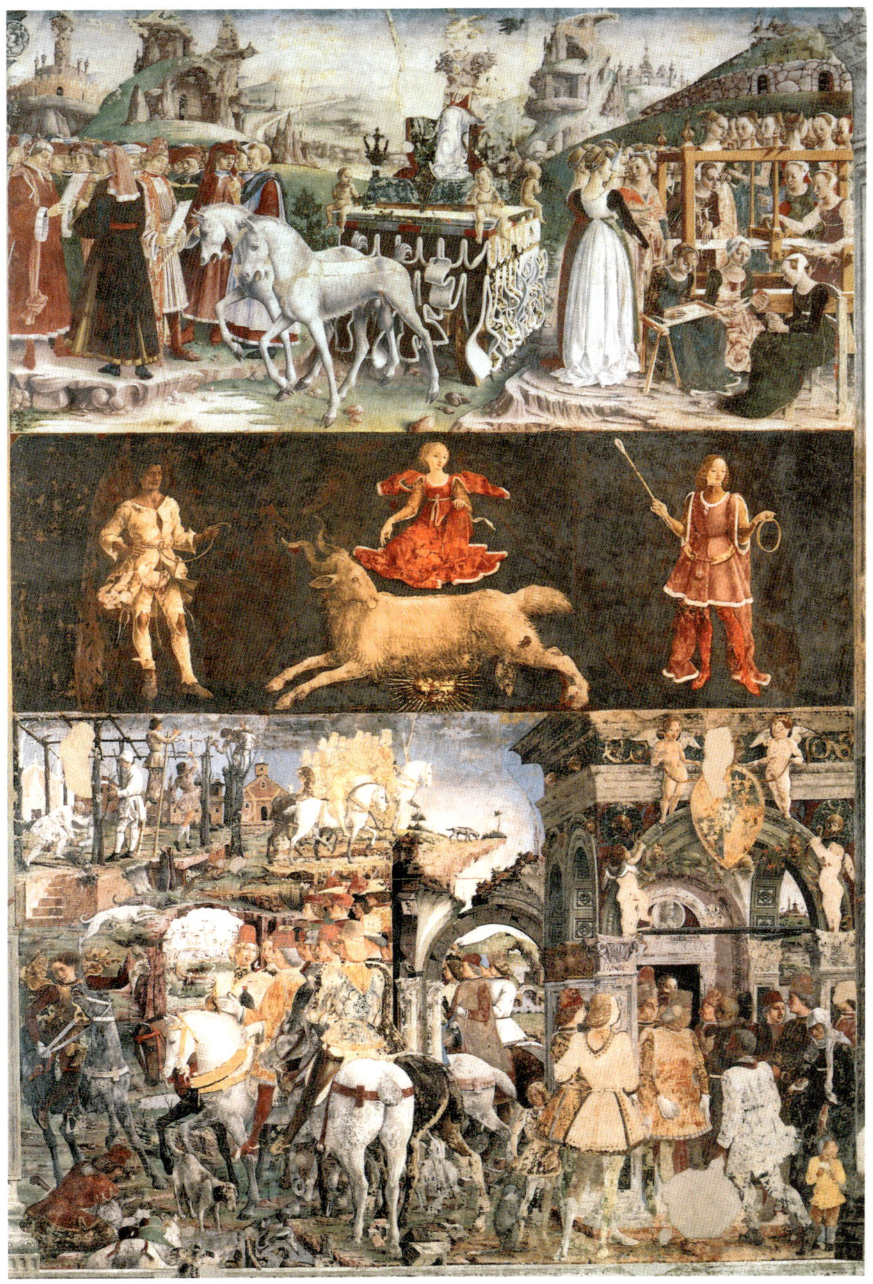

Francesco del Cossa: Märzfresko. Triumph der Minerva. Ferrara, Palazzo Schifanoia, Sala dei Mesi, 1466–1470

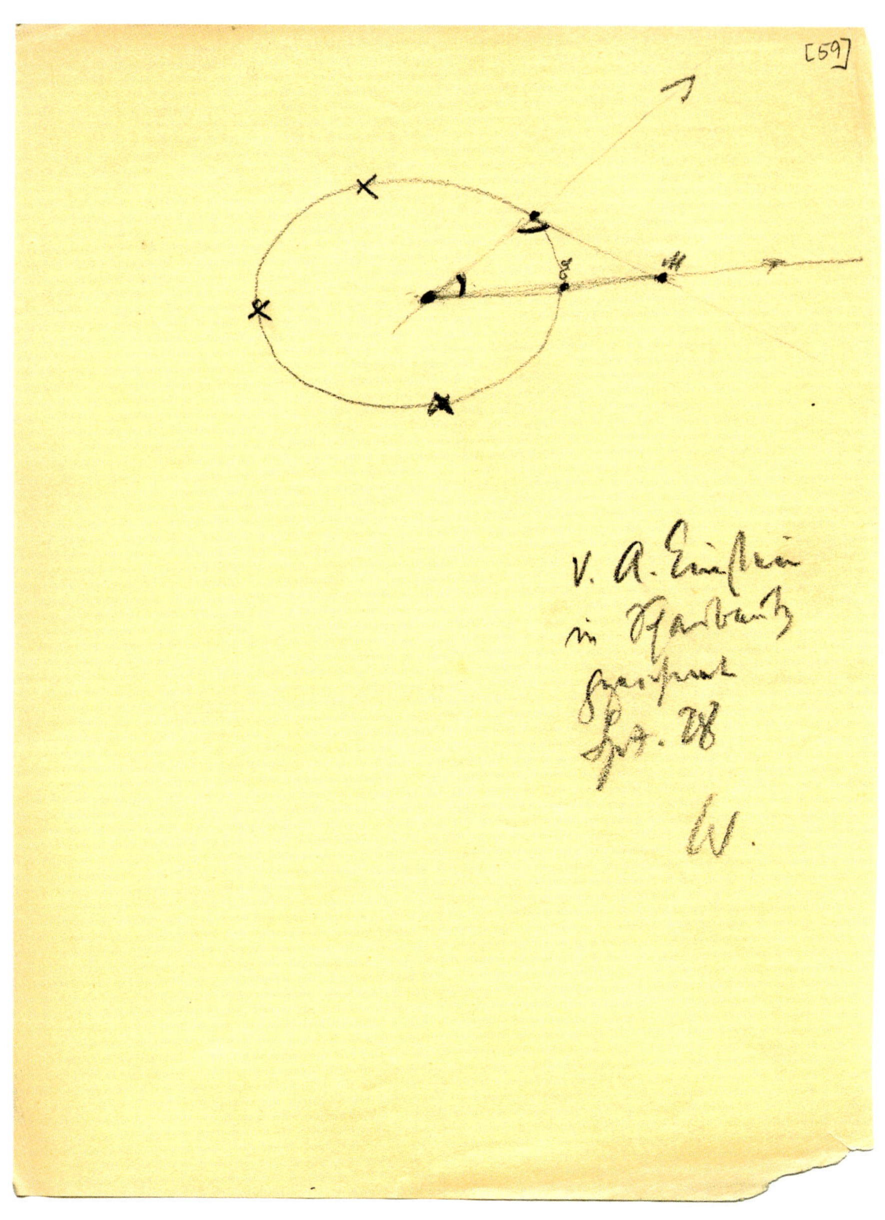

Albert Einstein: Skizze zur Erläuterung der Berechnung der Umlaufbahn des Mars mit Warburgs Kommentar, 4. September 1928

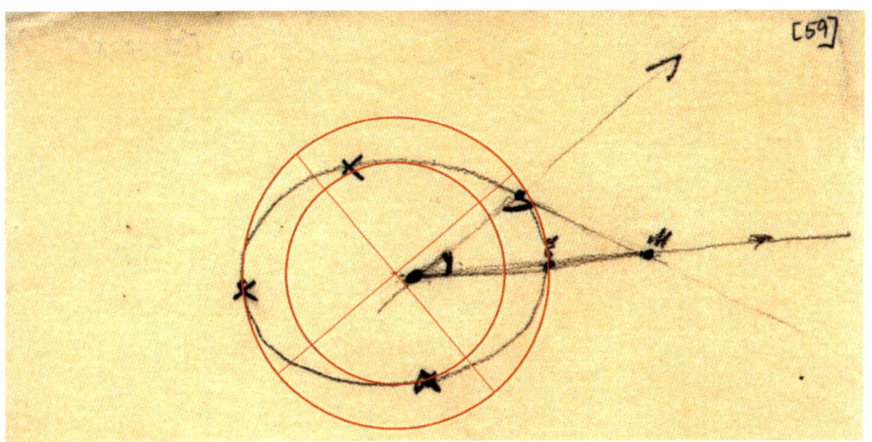

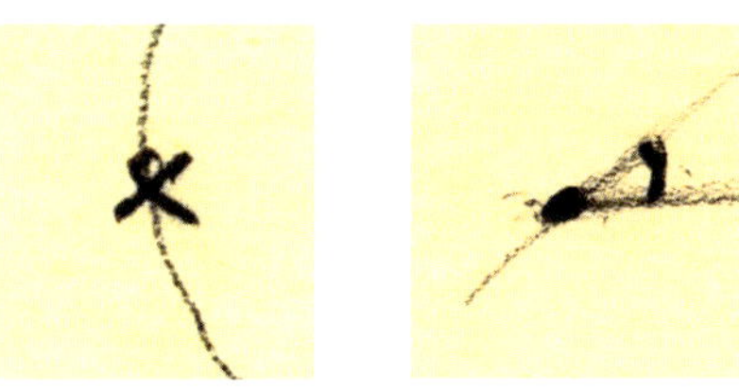

Skizze Albert Einsteins mit eingezeichnetem Mittelpunkt und Kreisbahnen

Ausschnitte aus Zeichnung links

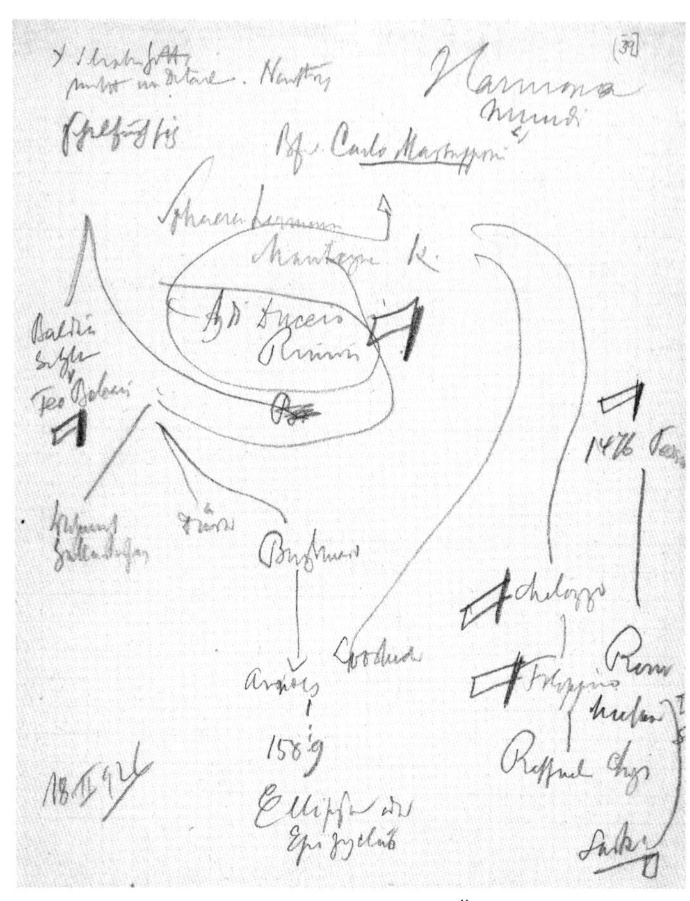

Aby Warburg: Skizze aus dem Konvolut der Übungen zur Kulturwissenschaftlichen Methode, Wintersemester 1925–1926

Anhang

Anmerkungen

1 Warburg war seinerseits in Abwesenheit 1921 in seiner Heimatstadt zum Honorarprofessor ernannt worden, nachdem man ihm bereits 1912 als Anerkennung seiner Leistungen den Professorentitel verliehen hatte.

2 Fritz Saxl: ›Ernst Cassirer‹, in: *The Philosophy of Ernst Cassirer* (Hg.: Paul Arthur Schilpp), Evanston/Illinois 1949, S. 47–51, hier S. 50. Ernst Cassirer: ›Worte zur Beisetzung von Professor Dr. Aby M. Warburg‹, in: Stefan Füssel (Hg.): *Mnemosyne. Beiträge zum* 50. *Todestag von Aby M. Warburg*, Göttingen 1979, S. 15–22, hier S. 17. Auf die Bedeutung dieses Austauschs hat erstmals Martin Jesinghausen-Lauster: *Die Suche nach der symbolischen Form. Der Kreis um die kulturwissenschaftliche Bibliothek Warburg*, Baden-Baden 1985, S. 215–216, hingewiesen. Zu Warburgs Behandlung in Kreuzlingen siehe Ludwig Binswanger/Aby Warburg: *Die unendliche Heilung. Aby Warburgs Krankengeschichte* (Hgg.: Chantal Marazia und Davide Stimilli), Berlin 2007.

3 Aby Warburg: *Tagebuch der Kulturwissenschaftlichen Bibliothek Warburg* (Hgg.: Karen Michels und Charlotte Schoell-Glass), Berlin 2001 = GS, Abt. 7, 7, S. 338.

4 WIA, GC, Aby Warburg an Albert Einstein, 3. September 1928.

5 GS, Abt. 7, 7, S. 339.

6 Horst Bredekamp: ›»4 Stunden Fahrt. 4 Stunden Rede«. Aby Warburg besucht Albert Einstein‹, in: *Einstein on the Beach. Der Physiker als Phänomen* (Hg.: Michael Hagner), Frankfurt am Main 2005, S. 165–182. Die Kapitel II. 4 und 5 nehmen Teile dieses Artikels auf. Die von Claudia Naber auf dem Warburg-Symposion in Hamburg unter dem Titel »Aby Warburg und Ernst Cassirer« vorgetragene Rekonstruktion des Treffens zwischen Warburg und Cassirer ist unpubliziert geblieben. Siehe *Aby Warburg. Akten des Internationalen Symposions, Hamburg 1990*, hrsg. von Horst Bredekamp, Michael Diers und Charlotte Schoell-Glass, Weinheim 1991 (Schriften des Warburg-Archivs im Kunstgeschichtlichen Seminar der Universität Hamburg 1), S. XII.

7 Die Vorbereitung des Kreuzlinger Austauschs zwischen Warburg und Cassirer ist in einem Ringbuch (WIA, III.93.13) mit Notizen aus den ersten Monaten des Jahres 1924 dokumentiert. Warburg hat dieselben Ideen auch in seinen Briefen dargelegt. So zeugen die fast täglich für seine Frau Mary verfassten Berichte vom Werdegang jener theoretischen Überlegungen, die er in nuce auch in einem programmatischen Brief an den Altphilologen Ulrich von Wilamowitz-Moellendorff (1841–1931) zusammenfasst. Siehe Aby M. Warburg: *Per monstra ad sphaeram. Sternglaube und Bilddeutung. Vortrag in Gedenken an Franz Boll und andere Schriften 1923 bis 1925* (Hg.: Davide Stimilli unter Mitarbeit von Claudia Wedepohl), Hamburg und München 2008, S. 53–57.

8 Jesinghausen-Lauster: *Die Suche nach der symbolischen Form* (wie Anm. 2), S. 216. Vgl. Tilmann von Stockhausen: *Die Kulturwissenschaftliche Bibliothek Warburg: Architektur, Einrichtung und Organisation*, Hamburg 1992, S. 37ff.

9 Aby Warburg: ›Italienische Kunst und internationale Astrologie im Palazzo Schifanoja zu Ferrara‹ (1912/22), in: GS, Abt. 1, 1.1, S. 459–481.

10 Für die Fresken sind mehrere Künstler und deren Werkstätten verantwortlich. Sie waren erst zwischen 1820 und 1840 unter einer Übertünchung des 17. Jahrhunderts

wiederentdeckt und freigelegt worden (siehe Steffi Roettgen: *Wandmalerei der Frührenaissance in Italien*, Bd. 1, München 1996, S. 408–420).

11 Ebd., S. 465–469. Franz Boll: *Sphaera. Neue griechische Texte und Untersuchungen zur Geschichte der Sternbilder*, Leipzig 1903.

12 Zum Paduaner Bildprogramm, das heute Pietro d'Abano zugeschrieben wird, siehe Dieter Blume: *Regenten des Himmels. Astrologische Bilder in Mittelalter und Renaissance*, Berlin 2000, S. 70–85.

13 WIA, FC, Aby Warburg an Mary Warburg, 15./16. Dezember 1923.

14 Die Sonderdrucke werden von Warburg erstmals am 21. November 1923 erwähnt, siehe WIA, FC, Aby Warburg an Mary Warburg, 21. November 1923.

15 WIA, FC, Aby Warburg an Mary Warburg, 24./25., 26., 29. November 1923.

16 WIA, FC, Aby Warburg an Mary Warburg, 15. Dezember 1923. Vgl. die im April 1924 formulierte Liste der »Aufgaben« in: Warburg: *Per monstra* (wie Anm. 7), S. 44–46.

17 Anlass war der Hamburger Vortrag des Sozialhistorikers Alfred Doren über das Symbol der Fortuna. Vgl. Aby Warburg: ›Nachtrag zu Alfred Dorens Vortrag 'Fortuna im Mittelalter und in der Renaissance' (22. März 1923)‹, Oktober 1923, in: Ders.: *Per monstra* (wie Anm. 7), S. 35–38. Warburgs Sassetti-Studie von 1907 (›Francesco Sassettis letztwillige Verfügung‹, in: GS, Abt. 1, 1.1, S. 127–158) ist maßgeblich der Symbolik der Fortuna gewidmet, S. 144–151.

18 Für Warburg handelte es sich bei Engels *Astrolabium Planum* um die illustrierte Übersetzung einer Schrift des Pietro d'Abano, nach heutigem Erkenntnisstand dagegen ist es eine »Redaktionsarbeit« unter Verwendung eines von Pietro d' Abano verfassten, aber verlorenen Textes, siehe Blume: *Regenten* (wie Anm. 12), S. 75/76.

19 Ebd.

20 Warburg: ›Internationale Astrologie‹ (wie Anm. 9), S. 468.

21 Die Fragmente der heute ergänzten *Tabula Bianchini* waren erst 1705 auf dem römischen Aventin gefunden worden, siehe Aby M. Warburg: *Bildersammlung zur Geschichte von Sternglaube und Sternkunde* (Hgg.: Uwe Fleckner, Robert Galitz, Claudia Naber und Herward Nöldeke), Hamburg 1993, S. 238–240. Vgl. Boll: *Sphaera* (wie Anm. 11), S. 299–305.

22 Vgl. Kristen Lippincott: ›Gli dei-decani del Salone dei Mesi di Palazzo Schifanoia‹, in: *Alla Corte degli Estensi. Filosofia arte e cultura a Ferrara nel secolo XV e XVI* (Hg.: Marco Bertozzi), Ferrara 1994, S. 181–197.

23 WIA, FC, Aby Warburg an Mary Warburg, 30. Januar 1924; Warburg: *Per monstra* (wie Anm. 7), S. 43.

24 Vgl. WIA, FC, Aby Warburg an Mary Warburg, 22. und 23. Januar 1924.

25 Vgl. Warburg: *Per monstra* (wie Anm. 7), S. 54.

26 Aby Warburg: *Schlangenritual. Ein Reisebericht* (EA 1988), Berlin 2011, S. 75.

27 Hier spielt Warburg auf die mit der Astrologie verknüpfte Steinmagie an, die unter arabischem Einfluss nach Westeuropa gelangte.

28 WIA, FC, Aby Warburg an Mary Warburg, 15./16. Dezember 1923. Vgl. Aby Warburg: ›Heidnisch-antike Weissagung in Wort und Bild zu Luthers Zeiten‹ (1920), in: GS, Abt. 1, 1.2, S. 487–558. In ihrem Kommentar verweist Bing auf Roscher: *Mythologisches Lexikon*, III, 2, Sp. 2027/2028 mit Bezug auf die Ringsteine (ebd., S. 649f.).

29 Warburg: *Per monstra* (wie Anm. 7), S. 55.

30 Warburg: ›Heidnisch-antike Weissagung‹ (wie Anm. 28), S. 511, 650; ders.: ›Orientalisierende Astrologie‹ (1926), in: GS, Abt. 1, 1.2, S. 563.

31 Warburg: *Per monstra* (wie Anm. 7), S. 55.

32 Dies belegt eine 1912 datierte Skizze in seinem Exemplar der Studie von Ernst Maass: *Aus der Farnesina* von 1902 (Ernst Maass: *Aus der Farnesina: Hellenismus und Renaissance*, Marburg 1902). Vgl. Kristen Lippincott: ›Aby Warburg, Fritz Saxl and the Astrological Ceiling of the Sala di Galatea‹, in: *Aby Warburg. Akten des internationalen Symposions, Hamburg 1990* (wie Anm. 6), S. 213–232, hier S. 215. Vgl. Warburg: ›Heidnisch-antike Weissagung‹ (wie Anm. 28), S. 511; ders.: ›Orientalisierende Astrologie‹ (wie Anm. 30), S. 563.

33 WIA, FC, Aby Warburg an Marietta und Frede Warburg, 18. April 1924. Er verdankte diese Idee der erneuten Lektüre von Richard Försters Beschreibung der Fresken in den *Farnesina-Studien* (1880), worin der Autor auch auf Chigis bereits 1881 von dem italienischen Historiker Giuseppe Cugnoni publiziertes Horoskop verweist (WIA, FC, Aby Warburg an Mary Warburg, 30. Januar 1924; Richard Förster: *Farnesina-Studien. Ein Beitrag zur Frage nach dem Verhältnis der Renaissance zur Antike*, Rostock 1880, S. 39–47; Giuseppe Cugnoni: ›Agostino Chigi il Magnifico‹, in: *Archivio della Reale Società Romana di Storia Patria*, II (1879), S. 37–82, 209–226, 475–490; III (1880), S. 213–232, 291–305, 422–448; IV (1881), S. 56–75, 195–216; VI (1882), S. 139–172, 497–539. Warburg besaß eine Abschrift des Horoskops aus IV (1881), S. 215/16, siehe WIA, III.2.1, Nr. 068/039609–15).

34 Im Frühjahr 1924 gab Warburg Alfred Doren einen ganzen Katalog von Fragen auf eine Reise nach Florenz und Rom mit. Trotz intensiver Bemühungen blieb Doren in diesem Punkt jedoch erfolglos (WIA, GC, Alfred Doren an Aby Warburg, 17. April 1924). Schon 1912 hatte Warburg zusammen mit dem Astronom Kasimir Graff (1878–1950) anhand der Skizze seiner Frau Mary (Abb. 10b) das Geburtsdatum der Konstellation entsprechend hypothetisch auf wenige Tage eingegrenzt (WIA, GC, Kasimir Graff an Aby Warburg, 9., 13., 21. Oktober 1912; Aby Warburg an Marietta und Frede Warburg, 18. April 1924; Warburg: *Per monstra* (wie Anm. 7), S. 94. Federico Hermanin: *La Farnesina*, Bergamo 1927, S. 33–35; Fritz Saxl und Arthur Beer: *La fede astrologica di Agostino Chigi. Interpretazione dei dipinti di Baldassare Peruzzi nella Sala di Galatea della Farnesina*, Rom 1934, S. 28/29). Dass Warburgs gemeinsam mit Kollegen astrologisch ermitteltes Datum fast genau zutraf, ist inzwischen durch den Nachweis des tatsächlichen Geburtsdatums, der 29. November 1466, gesichert, siehe Ingrid R. Rowland: ›The Birth Date of Agostino Chigi: Documentary Proof‹, in: *Journal of the Warburg and Courtauld Institutes* 47 (1984), S. 192/193; Lippincott: ›Aby Warburg, Fritz Saxl‹ (wie Anm. 32), S. 215–217; dies.: ›Urania redux: A View of Warburg's Writings on Astrology and Art‹, in: *Art History as Cultural History. Warburg's Project* (Hg.: Richard Woodfield), Amsterdam 2001, S. 151–182.

35 Warburg: ›Heidnisch-antike Weissagung‹ (wie Anm. 28), S. 511.

36 Philine Helas: ›Fortuna-Occasio. Eine Bildprägung des Quattrocento zwischen ephemerer und ewiger Kunst‹, in: *Städel-Jahrbuch*, N.F. 17, 1999, S. 101–124.

37 Lippincott: ›Aby Warburg, Fritz Saxl‹ (wie Anm. 32), S. 218, hat erstmals auf diese Entdeckung aufmerksam gemacht.

38 Wann genau Warburg auf Agrippas Medaille aufmerksam geworden war, ist schwer zu ermitteln; er erwähnt sie erstmals im Anschluss an Dorens im März

1923 gehaltenen Vortrag und schreibt in seinem *Nachtrag*, die Medaille sei ihm bereits »vor vielen Jahren zu Gesicht« gekommen, doch den Künstler hatte Fritz Saxl offenbar erst im November 1923 für ihn ermittelt. Warburg: *Per monstra* (wie Anm. 7), S. 35. Stimilli weist darauf hin, dass Warburg die Fotografie der Medaille am 13. August 1923 erhielt, vermutet aber, dass er das Objekt vorher kannte, siehe ebd., S. 37/38. Zu den Abschriften der Werke Agrippas siehe WIA, III.93.11.2–4. Vgl. WIA, GC, Fritz Saxl an Aby Warburg, 18. November 1923. Zu Camillo Agrippa siehe Gian Luigi Barni: ›Agrippa, Camillo‹, in: *Dizionario biografico degli Italiani*, Bd. 1, Rom 1960, S. 503.

39 Camillo Agrippa: *Dialogo sopra la generatione de'venti, baleni, tuoni, ecc.*, Rom 1584; ders.: *Nuove invenzioni sopra il modo di navigare*, Rom 1595. Vgl. hierzu Warburg: *Per monstra* (wie Anm. 7), S. 118. Zur Ikonographie des Windes: Alessandro Nova: *Das Buch des Windes. Das Unsichtbare sichtbar machen*, Berlin 2007.

40 WIA, GC, Alfred Doren an Aby Warburg, 24. November 1923; Aby Warburg an Mary Warburg, 28. November 1923.

41 Warburg: *Per monstra* (wie Anm. 7), S. 118.

42 WIA, FC, Aby Warburg an Mary Warburg, 11. Februar 1924. Vgl. Warburg: *Per monstra* (wie Anm. 7), S. 118.

43 WIA, FC, Aby Warburg an Mary Warburg, 10. März 1924.

44 WIA, GC, Alfred Doren an Aby Warburg, 17. April 1924. Vgl. Stimilli: ›Einleitung‹, in: Warburg: *Per monstra* (wie Anm. 7), S. 10/11; Aby Warburg: Brief an Alfred Doren, 31. März 1923, in: Ebd., S. 31–33.

45 Warburg: ›Nachtrag zu Alfred Dorens Vortrag‹ (wie Anm. 17), S. 35/36.

46 Ernst Cassirer: *Individuum und Kosmos in der Philosophie der Renaissance*, Leipzig/Berlin 1927, S. 126.

47 Warburg: ›Internationale Astrologie‹ (wie Anm. 9), S. 474.

48 Die Bedeutung dieses Werkes für die Ikonographie der Fresken hat zuerst Fritz Saxl erkannt: *Verzeichnis astrologischer und mythologischer illustrierter Handschriften des lateinischen Mittelalters in Römischen Bibliotheken*, Heidelberg 1915, S. VII–IX; ders.: ›Rinascimento dell Antichità: Studien zu den Arbeiten A. Warburgs‹, in: *Repertorium für Kunstwissenschaft* 43 (1922), S. 220–272, hier S. 238–241.

49 WIA, FC, Aby Warburg an Marietta und Frede Warburg, 18. April 1924.

50 Warburg: ›Internationale Astrologie‹ (wie Anm. 9), S. 476.

51 Warburg: *Per monstra* (wie Anm. 7), S. 54.

52 Im Dezember 1923 erinnert Warburg an die kollegiale Mitarbeit seiner Ehefrau an der Entwicklung dieser These, siehe WIA, FC, Aby Warburg an Mary Warburg, 15./16. Dezember 1923.

53 Warburg: *Per monstra* (wie Anm. 7), S. 71. Vgl. Warburg: *Bildersammlung* (wie Anm. 21), S. 240.

54 WIA, III.95.5, fol. 149.

55 Ernst Cassirer: ›Eidos und Eidolon. Das Problem des Schönen und der Kunst in Platons Dialogen‹, in: *Vorträge* 1922–1923, 1. Teil (Vorträge der Bibliothek Warburg) (Hg.: Fritz Saxl), Leipzig/Berlin 1924, S. 1–27, hier S. 3, 10; WIA, GC, Aby Warburg an Ernst Cassirer, 29. Februar 1924.

56 In seinem Franz Boll gewidmeten Vortrag (Boll: *Sphaera* [wie Anm. 11]) spricht Warburg davon, dass die »eurythmische Bewegung um einen Mittelpunkt« im Altertum als Gesetz galt, das den Kosmos regiert (Warburg: *Per monstra* [wie Anm. 7], S. 120).

57 Aby Warburg: ›I costumi teatrali per gli intermezzi del 1589. I disegni di Bernardino Buontalenti e il libro di conti di Emilio de Cavalieri (1895)‹, in: GS, Abt. 1, 1.1, S. 259–300. Vgl. Aby Warburg: ›Die Theaterkostüme der Intermedien von 1589 (1895)‹, in: Aby Warburg: *Werke in einem Band* (Hgg.: Martin Treml, Sigrid Weigel und Perdita Ladwig), Berlin 2010, S. 124–167.

58 Anders als die Pythagoreer schreibt Platon die Sphärenklänge nicht der reinen Bewegung der Gestirne zu, sondern den acht auf den kreisförmigen Schnittpunkten der Sphären sitzenden Sirenen.

59 Demgegenüber schenkte er dem Umstand, dass Anspielungen auf die Kosmosharmonie in den Bildprogrammen potenter Herrscher im Italien des 15. und 16. Jahrhunderts vor allem eine politische Botschaft übermitteln, kaum Beachtung, was umso mehr überrascht, als Warburg für diese Sphäre besonders sensibel war. In diesem Fall überwog für ihn die Frage nach der Kulturtechnologie des Übergangs zur Moderne.

60 Warburg: *Per monstra* (wie Anm. 7), S. 46–47.

61 Cassirer: *Individuum und Kosmos* (wie Anm. 46), S. 128–129. Vgl. Christopher Johnson: *Memory, Metaphor and Aby Warburgs Atlas of Images*, Ithaca 2012, S. 194–229.

62 WIA, III.12.9, fol. 1.

63 Warburg: *Per monstra* (wie Anm. 7), S. 121. Vgl. die Formulierung »Wiederherstellungs-Prozess der antiken Sphären-Symbole aus der lastenden orientalisch-mittelalterlichen Überlieferung« in Warburgs Brief an von Wilamowitz-Moellendorff (Warburg: *Per monstra* [wie Anm. 7], S. 54).

64 Johannes Kepler: *Astronomia Nova *** seu, Physica coelestis, tradita commentariis de motibus stellae martis, ex observationibus G.V. Tychonis Brahe*, Pragae 1609.

65 WIA, FC, Mary Warburg an Aby Warburg, 29. Januar 1924.

66 WIA, FC, Aby Warburg an Frede Warburg, 29. Februar 1924.

67 WIA, FC, Frede Warburg an Aby Warburg, 20. März 1924. Siehe Moritz Cantor: *Vorlesungen über Geschichte der Mathematik*, Bd. 1, Leipzig 1907, S. 334–343, 444, 704, 749–751; Bd. 2, Leipzig 1913, S. 553, 558, 660–662. Vgl. Michael N. Fried/Sabetai Unguru: *Apollonius of Perga's Conica. Text, Context, Subtext*, Leiden/Boston/Köln 2001.

68 WIA, GC, Alfred Doren an Aby Warburg, 17. April 1924.

69 WIA, III.2.1, ZK 56, Nr. 034/017578.

70 Fritz Schumacher: ›Aby Warburg und seine Bibliothek‹ (1949), in: Füssel (Hg.): *Mnemosyne* (wie Anm. 2), S. 42–46, hier S. 44.

71 Cassirers erster Besuch fand im November 1920 statt, siehe Saxl: ›Ernst Cassirer‹ (wie Anm. 2), S. 47/48; Toni Cassirer: *Aus meinem Leben mit Ernst Cassirer* (1950), Typoskript 1951, S. 106–108; Cassirer: ›Worte zur Beisetzung‹ (wie Anm. 2), S. 16–17.

72 In den beiden von Saxl neu ins Leben gerufenen Reihen der *Vorträge* und *Studien der Bibliothek Warburg*.

73 Dieses groß angelegte Werk über die Grundformen des Verstehens der Welt ist in seiner endgültigen Form maßgeblich von Warburgs Büchersammlung angeregt worden.

74 WIA, GC, Ernst Cassirer an Aby Warburg, 26. Juni 1921; Cassirer: *Aus meinem Leben* (wie Anm. 71), S. 108.

75 Warburg: ›Heidnisch-antike Weissagung‹ (wie Anm. 28).

76 Aby Warburg: ›Bilder aus dem Gebiet der Pueblo-Indianer in Nord-Amerika‹ (1923), in: Ders.: *Werke in einem Band* (wie Anm. 57), S. 524–566. Vgl. auch Warburg: *Schlangenritual* (wie Anm. 26); WIA, GC, Ernst Cassirer an Aby Warburg, 26. Juni 1921, 15. Juni 1923.

77 WIA, GC, Aby Warburg an Ernst Cassirer, 2. Februar 1923, 27. März 1923, 29. Februar 1924. Vgl. Ernst Cassirer an Fritz Saxl, 24. März 1923.

78 WIA, FC, Aby Warburg an Mary Warburg, 10. April 1924.

79 WIA, FC, Aby Warburg an Mary Warburg, 11. April 1924.

80 WIA, GC, Ernst Cassirer an Aby Warburg, 12. April 1924.

81 Binswanger/Warburg: *Die unendliche Heilung* (wie Anm. 2), S. 112.

82 WIA, FC, Aby Warburg an Mary Warburg, 12. April 1924.

83 Den Begriff »instinktsicher« verwendet Warburg in einem Brief an seine Frau vom 3. September 1928.

84 Ernst Cassirer: *Das mythische Denken* (*Philosophie der symbolischen Formen*, Bd. 2), Berlin 1925, S. 163.

85 Vgl. Jesinghausen-Lauster: *Die Suche nach der symbolischen Form* (wie Anm. 2), S. 206–216.

86 Martin Jesinghausen-Lauster hat wohl als Erster auf diesen Zusammenhang hingewiesen: Ebd., S. 183.

87 Warburg: *Per monstra* (wie Anm. 7), S. 63–143.

88 Uwe Fleckner: Einleitung zum ›Menschengleichnis am Himmel‹, in: Aby Warburg: *Bilderreihen und Ausstellungen* (Hgg.: Uwe Fleckner und Isabella Woldt), Berlin 2012 = GS, Abt. 2, 2.2, S. 191.

89 WIA, GC, Aby Warburg an Franz Fuchs, 10. Februar 1927.

90 WIA, GC, Aby Warburg an Oskar von Miller, 16. März 1927.

91 GS, Abt. 2, 2.2, S. 191–233.

92 Aby Warburg: ›Menschengleichnis am Himmel‹, in: Ders.: *Bilderreihen und Ausstellungen* (wie Anm. 88), S. 191–233.

93 WIA, GC, Oskar von Miller an Aby Warburg, 15. September 1927.

94 Warburg: *Bildersammlung* (wie Anm. 21); GS, Abt. 2, 2.2, S. 396–460.

95 WIA, GC, Fritz Saxl an Aby Warburg, 20. September 1927.

96 WIA, GC, Aby Warburg an Fritz Saxl, 22. September 1927 (vgl. Warburg: *Bildersammlung* [wie Anm. 21], S. 40).

97 WIA, GC, Aby Warburg an Albert Einstein, 3. September 1928. Vgl. Bredekamp: ›»4 Stunden Fahrt. 4 Stunden Rede«‹ (wie Anm. 6).

98 Warburg: ›Heidnisch-antike Weissagung‹ (wie Anm. 28), S. 491.

99 Ebd., S. 534.

100 »Antwort von Einstein war heute eingetroffen. Villa Michahelles in Scharbeutz« (GS, Abt. 7, 7, S. 339). Möglicherweise lag dieses schnelle Reagieren auch darin begründet, dass Warburg bereits zuvor Versuche gemacht hatte, Einstein zu treffen; hierauf könnte jedenfalls der Eingang von Warburgs Bericht an seinen Bruder Max vom 5. September, also einen Tag nach dem Besuch, deuten: »Gestern habe ich also den Besuch bei Einstein doch ausführen können.« (WIA, GC, Aby Warburg an Max Warburg, 5. September 1928, S. 1.) Vermutlich kannte Einstein Warburg bereits vom Hörensagen. Als Vermittler kommt in erster Linie der im Jahre 1863 geborene Kunsthistoriker Adolph Goldschmidt in Betracht, der wie Warburg einer Hamburger Bankiersfamilie entstammte. Goldschmidt war Heinrich Wölfflin im Jahre 1912

auf den kunsthistorischen Lehrstuhl der Berliner Universität gefolgt, um zwei Jahre später gemeinsam mit Einstein in die Preußische Akademie der Wissenschaften berufen zu werden (Kurt Weitzmann: *Adolph Goldschmidt und die Berliner Kunstgeschichte*, Berlin 1985; Kathryn Brush: *The Shaping of Art History. Wilhelm Vöge, Adolph Goldschmidt, and the Study of Medieval Art*, Cambridge 1996, S. 92ff.).

101 GS, Abt. 7, 7, S. 339.

102 Zur Problematik dieser Formel: Horst Bredekamp: *Die Fenster der Monade. Gottfried Wilhelm Leibniz' Theater der Natur und Kunst*, Berlin 2004, S. 17ff.

103 Charlotte Schoell-Glass: ›Aby Warburg's Late Comments on Symbol and Ritual‹, in: *Science in context*, 12 (1999), 4, S. 621–642.

104 Warburg: ›Heidnisch-antike Weissagung‹ (wie Anm. 28), S. 534.

105 Aby Warburg: ›Sandro Botticellis ›Geburt der Venus‹ und ›Frühling‘‹, in: GS, Abt. 1, 1,1, S. 1–58.

106 WIA, GC, Aby Warburg an Max Warburg, 5. September 1928.

107 Ebd.

108 GS, Abt. 7, 7, S. 339. Dies war nur wenig übertrieben. Im Brief an seinen Bruder teilte Warburg am folgenden Tag mit, dass ihm »weder die 4 Stunden Fahrt noch dreieinhalb Stunden Sprechzeit (unterbrochen durch Mittagessen und etwas Schlaf im Hotel) was ausgemacht haben« (WIA, GC, Aby Warburg an Max Warburg, 5. September 1928).

109 GS, Abt. 7, 7, S. 339. Den Hinweis auf die Abb. 23 verdanken wir Per Rumberg.

110 Fleckner: Einleitung (wie Anm. 88), S. 191–194.

111 WIA, GC, Aby Warburg an Max Warburg, 5. September 1928.

112 Ebd.

113 Aby Warburg: *Mit Bing in Rom, Neapel, Capri und Italien. Karen Michels auf den Spuren einer ungewöhnlichen Reise*, Hamburg 2010.

114 WIA, III.107.2.

115 WIA, III.2.1, Nr. 068/039869.

116 Warburg: *Per monstra* (wie Anm. 7), S. 124.

117 GS, Abt. 7, 7, S. 339.

118 Ebd., S. 334.

119 Aby Warburg: *Der Bilderatlas Mnemosyne* (Hg.: Martin Warnke unter Mitarbeit von Claudia Brink), Berlin 2000 = GS, Abt. 2, 2.1, S. 13.

120 J. V. Field: ›Keplers Darstellung der Marsbahn‹, in: Warburg: *Bildersammlung* (wie Anm. 21), S. 306.

121 GS, Abt. 7, 7, S. 339.

122 Kepler: *Astronomia Nova* (wie Anm. 64); ders.: *Astronomia Nova. Neue, ursächlich begründete Astronomie* (Hg.: Max Caspar), München 1990 [Nachdruck der Ausgabe von 1929], S. 179–201; ders.: *Astronomia Nova. Neue, ursächlich begründete Astronomie* (Hg.: Fritz Krafft), Wiesbaden 2005, S. 251–283.

123 Vgl. den Kommentar von Max Caspar, in: Ebd., S. 22–44, sowie James Robert Voelkel: *The composition of Kepler's Astronomia Nova*, Princeton 2001, S. 104–106.

124 Thomas Da Costa Kaufmann: ›Arcimboldi's Imperial Allegories‹, in: *Zeitschrift für Kunstgeschichte*, 39 (1976), S. 275–296.

125 WIA, GC, Aby Warburg an Fritz Saxl, 5. September 1928.

126 Albert Einstein Archives, Jewish National & University Library, Hebrew University of Jerusalem, Albert Einstein an Aby Warburg, 10. September 1928.

127 GS, Abt. 7, 7, S. 342.

128 Ebd. Zum Energie- und Kraftbegriff bei Warburg: Ulrich Raulff: *Wilde Energien. Vier Versuche zu Warburg*, Göttingen 2003, S. 136ff; Claudia Wedepohl: ›Pathos – Polarität – Distanz – Denkraum. Eine archivarische Spurensuche‹, in: *Warburgs Denkraum – Formen, Motive, Materialien* (Hgg.: Martin Treml, Sabine Flach und Pablo Schneider), München 2014, S. 17–49, hier S. 26–28.

129 WIA, III.109.4.2.2, fol. 14.

130 WIA, GC, Aby Warburg an Max Warburg, 26. September 1928.

131 WIA, GC, Aby Warburg an Ernst und Toni Cassirer, 6. September 1928.

132 Ernst Cassirer: *Zur Einsteinschen Relativitätstheorie. Erkenntnistheoretische Betrachtungen*, Berlin 1921.

133 Warburg: *Schlangenritual* (wie Anm. 26), S. 75.

134 Tito Vignolis Studie *Mito e scienza. Saggio* (Mailand 1879) beeinflusste Warburg maßgeblich. Die deutsche Übersetzung erschien 1880 in Leipzig unter dem Titel *Mythus und Wissenschaft. Eine Studie.* Warburg erwarb sie 1887 und las sie 1890.

135 Ebd., S. 149.

136 GS, Abt. 2, 2.1, S. 12/13.

137 So von Gertrud Bing bestätigt, siehe WIA, III.108.1.2, fol. 5.

138 Ebd. Vgl. III.2.1, ZK 4a, Nr. 068/039856. Zum Zeppelin: Karl Clausberg: *Zeppelin. Die Geschichte eines unwahrscheinlichen Erfolges*, München 1979.

139 Warburg: ›Heidnisch-antike Weissagung‹ (wie Anm. 28), S. 509. Warburg hatte auch die Idee, seine Überlegungen zur Entwicklung der kosmischen Orientierung unter dem Titel »von der Sphaera barbarica zur Wetterkarte« zu fassen, siehe GS, Abt. 7, 7, S. 520/21, 528–530.

140 Freilich steuerte Eckener im Gegensatz zu Agrippa ein Luftschiff, und zudem übersah Warburg, dass das Steuerrad erst im 18. Jahrhundert erfunden wurde. Zu dieser Beobachtung siehe die Einleitung von Davide Stimilli in: Warburg: *Per monstra* (wie Anm. 7), S. 12.

141 Ebd., S. 120.

142 WIA, FC, Aby Warburg an Mary Warburg, 8./9., 26. Dezember 1923.

143 WIA, GC, Aby Warburg an Fritz Saxl, 22. September 1927 (vgl. Warburg: *Bildersammlung* [wie Anm. 21], S. 40).

144 ›Albert Einstein über Johannes Kepler‹, in: *Frankfurter Zeitung*, 9. November 1930, Titelseite; Wiederabdruck in: Albert Einstein: *Mein Weltbild* (Hg.: Carl Seelig), Frankfurt am Main/Berlin 1962 [1934], S. 147–151, sowie in: *Ibykus. Zeitschrift für Poesie, Wissenschaft und Staatskunst*, 4 (2005), S. 31f.

145 Carl Georg Heise: *Persönliche Erinnerungen an Aby Warburg*, New York 1947, S. 13; vgl. Binswanger/Warburg: *Die unendliche Heilung* (wie Anm. 2), S. 24.

146 GS, Abt. 7, 7, S. 334.

Abkürzungen

FC = Family Correspondence
GC = General Correspondence
GS = Aby Warburg: *Gesammelte Schriften. Studienausgabe* (Hgg.: Horst Bredekamp, Michel Diers, Kurt W. Forster, Nicholas Mann, Salvatore Settis und Martin Warnke [Bde. 1.1, 1.2, 2.1, 7] sowie Ulrich Pfisterer, Horst Bredekamp, Michael Diers, Uwe Fleckner, Michael Thimann und Claudia Wedepohl [Bd. 2.2]), Berlin 1998ff. / Abt. 1, Bde. 1.1, 1.2, *Die Erneuerung der heidnischen Antike. Kulturwissenschaftliche Beiträge zur Geschichte der europäischen Renaissance*, Reprint (Hgg.: Horst Bredekamp und Michael Diers), Berlin 1998 / Abt 2, Bd. 2.1, *Der Bilderatlas Mnemosyne* (Hg.: Martin Warnke unter Mitarbeit von Claudia Brink, 2., ergänzte. Aufl., Berlin 2003) / Abt. 2, Bd. 2.2, *Bilderreihen und Ausstellungen* (Hgg.: Uwe Fleckner und Isabella Woldt), Berlin 2012 / Abt. 7, Bd. 7, *Tagebuch der Kulturwissenschaftlichen Bibliothek Warburg* (Hgg.: Karen Michels und Charlotte Schoell-Glass), Berlin 2001.
K.B.W. = Kulturwissenschaftliche Bibliothek Warburg
WIA = Warburg Institute Archive, London, Warburg Institute

Bildnachweis

Frontispiz; S. 7, 15, 16, 17, 18, 19, 21, 25, 29, 30, 31, 32, 34, 35, 36, 39, 49, 69, 70, 71 oben: The Warburg Institute; S. 9: Graphische Sammlung, Universitätsbibliothek Heidelberg; S. 10: WIA, III.12.9, fol. 59. The Warburg Institute; S. 14, 22, 24, 89: Foto Claudia Wedepohl; S. 37: Musei Civici, Ferrara; S. 40, 64, 66, 96: © The Warburg Institute; S. 61: Ullstein Bild; S. 71 unten: Montage Horst Bredekamp; S. 78: Württembergische Landesbibliothek, Stuttgart, HS Math. Q.3; S. 82: Albert Einstein Archives, The Hebrew University of Jerusalem; S. 84: Frankfurter Allgemeine Zeitung Archiv.

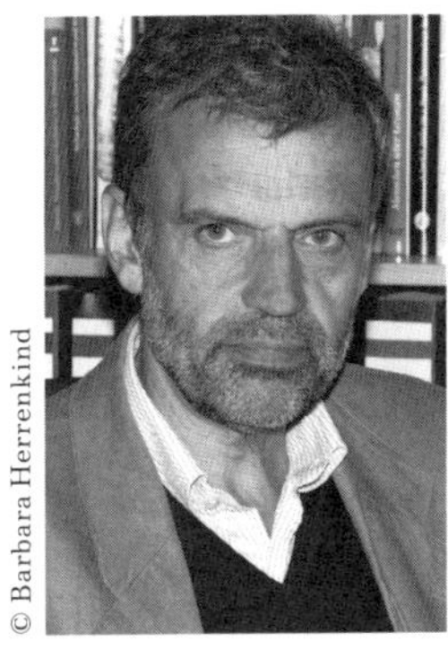
© Barbara Herrenkind

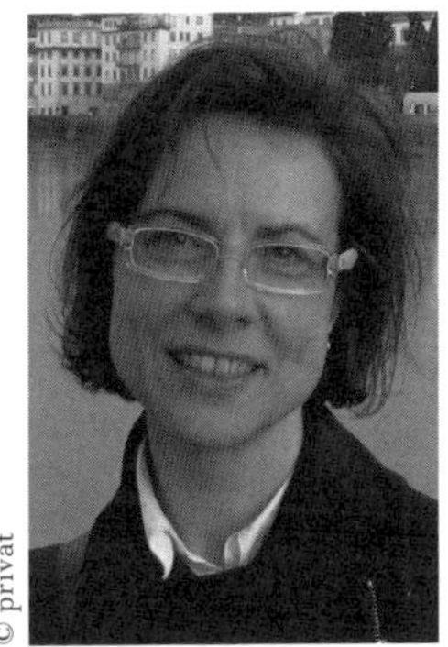
© privat

Horst Bredekamp, geboren 1947, ist seit 1993 Professor für Kunstgeschichte an der Humboldt-Universität Berlin. Er erhielt zahlreiche Fellowships und Auszeichnungen, jüngst wurde er in den Orden ›Pour le mérite‹ aufgenommen.

Claudia Wedepohl, geboren 1965, ist Kunsthistorikerin und leitet seit 2006 das Archiv des Warburg Institute in London. Sie ist Mitherausgeberin der *Gesammelten Schriften* Aby Warburgs.

Horst Bredekamp bei Wagenbach

Der schwimmende Souverän
Karl der Große und die Bildpolitik des Körpers
Wurde Aachen zur Europastadt, weil Karl der Große ein passionierter Schwimmer war? Und was hat Mao Tse-tung damit zu tun? Beide Herrscher verbindet eine Politik des Schwimmens. Indem die politischen Akteure sich schwimmend abbilden ließen, wurde der eigene Körper zum Ausweis von sportlicher Tatkraft, patriarchalischer Fürsorge und Führungsstärke überhöht – und das Schwimmen zum Hauptelement einer körperbezogenen politischen Ikonologie.
Kleine Kulturwissenschaftliche Bibliothek. 176 Seiten. Gebunden mit vielen, teils farbigen Abb.

Leibniz und die Revolution der Gartenkunst
Herrenhausen, Versailles und die Philosophie der Blätter
Wer weiß schon, dass der große Philosoph Gottfried Wilhelm Leibniz wesentliche Anregungen zur Anlage eines Garten gab? Horst Bredekamp wagt nicht weniger, als die Geschichte der Gartenkunst vom Kopf auf die Füße zu stellen. Er sieht den Gedanken der Freiheit nicht wie üblich in den saft geschwungenen Wegen des Landschaftsgartens verwirklicht, sondern in den komplexen Geometrien des Barockgartens: Hier findet sich die eigentliche Revolution.
Kleine Kulturwissenschaftliche Bibliothek. 176 Seiten. Gebunden mit über 100, großteils farbigen Abb.

Darwins Korallen
Frühe Evolutionsmodelle und die Tradition der Naturgeschichte
Lebensbaum mit dem Menschen als Krone oder Entwicklung der Arten nach allen Seiten? Bredekamp befragt Darwins Evolutionstheorie und ihre Bilder.
Er rekonstruiert die Bedeutungsgeschichte der Koralle, und zeigt, wie Darwin dieses traditionelle Symbol in seine Überlegungen eingeflochten hat: als Modell einer Evolution, die anarchisch in alle Richtungen wächst und nicht – wie beim Baummodell – den Menschen als Krönung der Entwicklung sieht.
Kleine Kulturwissenschaftliche Bibliothek. 112 Seiten. Gebunden mit vielen, z.T. farbigen Abb.

Michelangelo. Fünf Essays
Michelangelo als Vertragsbrecher, als Scheiternder, als souveräner Künstler, den Mächtigen ebenbürtig. Bredekamps unkonventioneller Blick heftet sich nicht nur auf die Skulpturen, Gemälde und Bauwerke Michelangelos, sondern auch auf die Wendungen im Leben des Meisters, der mehrmals auf der Flucht vor seinen mächtigen Auftraggebern war.
Kleine Kulturwissenschaftliche Bibliothek. 128 Seiten. Gebunden mit vielen, z.T. farbigen Abb.

Kulturgeschichte bei Wagenbach

Aby M. Warburg Schlangenritual
Ein Reisebericht
Die Neuausgabe der kanonisierten und bebilderten Fassung des Schlangenrituals: Einer der zentralen Texte Aby Warburgs, der einen Schlüssel zum komplexen Denken des berühmten Kunsthistorikers bietet.
WAT 672. 144 Seiten

Carlo Ginzburg Faden und Fährten
wahr falsch fiktiv
Endet die historische Wahrheit, wo die Erfindung beginnt? Der Spurensicherer Carlo Ginzburg präsentiert die Bilanz seines Historikerlebens – und gewährt neue Einblicke in die schier unendliche Fülle seiner Themen und Gedanken.
Aus dem Italienischen von Victoria Lorini
Kleine Kulturwissenschaftliche Bibliothek. 160 Seiten

Peter Burke Die Explosion des Wissens
Von der Encyclopédie bis Wikipedia
Nur ein Medienhistoriker vom Format Peter Burkes versteht es, den grundlegenden Umbruch unserer Wissens- und Informationsgesellschaft im Ganzen zu überblicken und im Detail zu erklären. Seine umfassende Wissensgeschichte ist singulär auf dem Buchmarkt – und höchst aktuell.
Aus dem Englischen von Matthias Wolf unter Mitarbeit von Sebastian Wohlfeil
Sachbuch. Gebunden mit Schutzumschlag. 392 Seiten

Natalie Zemon Davis Leo Africanus
Ein Reisender zwischen Orient und Okzident
Die große Historikerin Natalie Zemon Davis erzählt die exemplarische Lebensgeschichte des Leo Africanus wie einen Abenteuerroman: als Muslim geboren, von Katholiken vertrieben, von Piraten gefangengenommen und vom Papst getauft.
Aus dem Englischen von Gennaro Ghirardelli
Sachbuch. Gebunden mit Schildchen und Prägung. 400 Seiten mit zahlreichen Abbildungen

Warburg, Cassirer und Einstein im Gespräch erschien 2015 als Band 88 in der Reihe Kleine Kulturwissenschaftliche Bibliothek.

Umschlaggestaltung: Julie August unter Verwendung von drei Fotografien: Albert Einstein, 1928 (Ullstein Bild); Ernst Cassirer, 1927 (Ullstein Bild) und Aby Warburg, 1929 (The Warburg Institute). Gesetzt aus der Walbaum. Einband- und Vorsatzpapier von peyer graphic gmbh, Leonberg. Gedruckt auf chlor- und säurefreiem Papier (Schleipen) und gebunden von der Druckerei Kösel, Krugzell.

ISBN 978 3 8031 5188 9